MAINE
VERMONT
NEW HAMPSHIRE
MINNESOTA
WISCONSIN
MASSACHUSETTS
RHODE ISLAND
NEW YORK
CONNECTICUT
MICHIGAN
NEW JERSEY
IOWA
PENNSYLVANIA
OHIO
MARYLAND
DELAWARE
INDIANA
ILLINOIS
WEST VIRGINIA
KANSAS
VIRGINIA
KENTUCKY
MISSOURI
NORTH CAROLINA
TENNESSEE
OKLAHOMA
SOUTH CAROLINA
ARKANSAS
GEORGIA
ALABAMA
MISSISSIPPI
TEXAS
LOUISIANA
FLORIDA

TRAUMZIEL AMERIKA

ROUTE 66

An der Route 66 stehen die Buden für Würstchen und Hamburger – Al & Susy's Place – Carl's Lunch – Joe & Minnie – Will's Eats. Bretterbaracken. Zwei Benzinpumpen davor, eine Schwingtür, eine lange Theke, Schemel und eine Stange für die Füße. Neben der Tür drei Spielautomaten, in denen unter Glas der Reichtum zu sehen ist, den man für einen Nickel gewinnen kann. Und dann das Grammophon mit den wie Tortenböden aufgeschichteten Platten, bereit, auf den Plattenteller zu fallen und Tanzmusik zu spielen, «Ti-pi-ti-pi-tin», «Thanks for the Memory», Bing Crosby, Benny Goodman.

John Steinbeck, Früchte des Zorns, 1939

Ein schmales Asphaltband zieht sich durch die hitzeglühende Mojave-Wüste: der Highway 66 in Kalifornien.

Vor der Kulisse der spektakulären Wolkenkratzer-Architektur von Chicago beginnt die Route 66 ihren langen Weg in den Westen.

Chicago Loop Exits
Washington Blvd 51C
Monroe St 51E
Jackson Blvd 51G
SPEED LIMIT 45
EXIT
50 B

Motorradfahrerträume: mit der Harley-Davidson durch die endlosen Weiten des amerikanischen Kontinents.

EDITION USA

ROUTE 66

VON CHICAGO NACH LOS ANGELES

Fotos Christian Heeb
Text Horst Schmidt-Brümmer

BUCHER

INHALT

ROUTE 66 –
EINE AMERIKANISCHE ODYSSEE 14
Horst Schmidt-Brümmer

Truck Stops und Maisfelder: Illinois 18

Big Prairie Country: Missouri und Kansas 19

Zeichen am Wegesrand: Die Route 66 als Bilderbuch 25

Chronik der Route 66:
Eine Straße wird zum Denkmal 30

Geburtsland der Route 66: Oklahoma 33

Wo der Wilde Westen beginnt: Texas 36

Land der Verzauberung: New Mexico 42

Hot Dogs und Enchiladas:
Eine Reise durch Amerikas Küchen 44

Hymnen auf die Route 66:
Der Highway in Literatur, Musik und Fernsehen 50

Wundersame Steinwelten: Arizona 55

Spurensuche: Auf der Route 66
durch Indian Country 56

Geisterstädte und Glitzermetropolen: Kalifornien 60

PLANEN · REISEN · GENIESSEN

Großer Reiseführer von *Horst Schmidt-Brümmer* mit praktischen Tips für einen erlebnisreichen Urlaub und vielen Informationen über die touristischen Highlights entlang der Route 66. Mit sieben Farbkarten.

Inhaltsverzeichnis 66

Spezialthemen im Reiseführer:

Maße und Zahlen auf einen Blick 68

Mit dem Mietwagen unterwegs 69

Nostalgie zwischen zwei Buchdeckeln 70

Fanclubs für eine Straße 71

Will Rogers: Nationalheld von Oklahoma 79

Der Oklahoma Land Run:
Wie der 46. Bundesstaat der USA entstand 81

Trails & Transport:
Vor- und Nachfahren der Route 66 88

Stichwortverzeichnis 95

Text- und Bildnachweis · Impressum 96

Links: Im Route 66 Museum in Clinton, Oklahoma.
Mitte: Nine Mile Hill bei Albuquerque, New Mexico.
Rechts: Am Griffith Park in Hollywood, Kalifornien.

Neonreklamen begleiten «eines langen Tages Reise in die Nacht»: das «Route 66 Café» in Santa Rosa, New Mexico.

Seafood
try our
BREAK FAST
Specials

Das verschlafene Nest Branson in Missouri hat sich in den letzten Jahren zur Show- und Musikmetropole Amerikas entwickelt.

ROUTE 66 – EINE AMERIKANISCHE ODYSSEE

Länger als ein halbes Jahrhundert versetzte sie die Amerikaner in Aufbruchstimmung: während der «Roaring Twenties», der Großen Depression, im Zweiten Weltkrieg und in der optimistischen Nachkriegszeit, als plötzlich besonders viele Kinder auf den Rücksitzen saßen. Ob als «Mother Road», als Highway der Hoffnung, der Flucht oder der Sehnsucht: Stets bewährte sich die Route 66 als Förderband für Wunschträume und Visionen, als Grundlage ungezählter amerikanischer Odysseen (siehe Seite 30). Nach den staubigen Trails der Pioniere, den Planwagen der Siedler und den ratternden Eisenbahnwaggons setzte der automobile Transit jenen Drang nach Westen fort, der von Anfang an die Triebkraft amerikanischer Siedlungsgeschichte bildete (siehe Seite 88).

Inzwischen ist die Straße von den offiziellen Landkarten getilgt und durch effizientere Interstate Highways ersetzt worden. Sie haben die «good ol' 66» aufs Altenteil geschoben, als untergeordnete Servicestraße an den Rand gedrängt oder einfach unter sich begraben. An vielen Stellen wächst schon Gras darüber. Aber die legendäre Trasse scheint sich mit ihrem realen Schicksal nicht abfinden zu wollen. Jedenfalls mehren sich die Anzeichen dafür, daß sie von den Toten wiederauferstehen und ihr Comeback feiern möchte. Wie sagte ein alter Fan? «Die Route 66 ist wie Elvis Presley. Sie stirbt nie.»

Keine Frage, ihre Anziehungskraft wächst – nicht nur in den USA, sondern auch international. Viele wollen die alte Straße neu entdecken und die Schätze ihrer versunkenen Welt auf eigene Faust heben: die unbekannten Winkel und Kleinstädte, von denen einige auf die Liste der gefährdeten Arten gehören, auch wenn sie erst einmal den Eindruck erwecken, als sei hier der Hund begraben. Aber irgendwie taucht dann doch eine zahnlose Bedienung auf und erzählt eine Geschichte. Viele solcher und ähnlicher Überraschungen verbergen sich hinter den angeschlagenen Kulissen, in kleinen Läden oder simplen Coffee Shops. Und genau in dieser Normalität des Alltags schlummert ein wichtiges Stück Amerika, und ausgerechnet eine totgesagte Straße kann es zum Leben erwecken.

Reisen auf der Route 66 bedeutet also alles andere als eine *tour de force* über hektische Highways, die Land und Leute unterwegs zum Verschwinden bringen. «Dank des Interstate Highway Systems kann man heute in Amerika von Küste zu Küste fahren, ohne irgend etwas zu sehen», schrieb ein Verkehrsexperte. Als die Ankunft zum Hauptziel des Reisens wurde, übernahmen die *fast lanes* der Superhighways das Monopol. Sie machten um alles, was irgendwie Zeit kostete, einen großen Betonbogen. Im Windschatten seiner offiziellen Bedeutungslosigkeit hat sich der alte Highway im übrigen besser gehalten als vermutet. Fast 90 Prozent der Straßendecke gibt es noch, verkleidet als simple Landstraße oder Ortsdurchfahrt.

Auf der «Main Street of America» läßt es sich nostalgisch dahinbummeln oder zünftig auf einer Harley-Davidson daherrauschen, während sich meist nebenan

Wer mit offenen Augen auf der Route 66 reist, wird immer wieder skurrilen Originalen begegnen. Sie halten der Straße die Treue wie einer alternden Geliebten und erzählen Geschichten aus ihrer großen Vergangenheit.

Barstow in Kalifornien wurde nach dem Chef der Santa Fe Railroad Company benannt – das sagt bereits alles aus über diese wichtige Station im Eisenbahnnetz der USA. In den frühen Tagen Hollywoods war die Wüstenstadt eine beliebte Zuflucht für mediengeplagte Filmstars.

Des einen Freud, des andern Leid: Für eilige Fußgänger sind Chicagos Hebebrücken manchmal ein Ärgernis. Sie erinnern an die Zeit, als der Chicago River noch eine vielbefahrene Wasserstraße war.

Nicht immer ganz bequem, dafür aber besonders stilecht reist es sich auf der Route 66 mit dem Motorrad. Wer nicht bereits von Deutschland aus reserviert hat, kann auch noch vor Ort in Chicago eine Maschine ausleihen.

die Vorläufer und Nachfahren des Verkehrs auf Sicht- und Hörweite nähern: das Dröhnen der Trucks auf den Interstates und das Heulen der eisernen Güterloks – die Route 66 als Dritte im Bunde dreier Generationen neuzeitlicher Mobilität. Vom Tempo-Streß weitgehend entbunden, leistet sie sich enge Freundschaften mit dem jeweiligen Terrain, die es dem Fahrer erlauben, anders und anderes zu sehen, zu fühlen und all jenen Bildern und Tagträumen nachzuhängen, mit denen sich die Route 66 in den meisten Köpfen eingenistet hat.

Ihre Legendenbildung hat viele Quellen. Sie gründet zuallererst im uramerikanischen Drang nach Westen. Nach dem Ende der Westbesiedlung übernahm das Auto die Rolle der «beweglichen Grenze», das heißt die Eroberung der sogenannten *frontier*, jenes Raumes an den Kämpferzonen von Wildnis und Zivilisation. Zwar hatte sie von Anfang an auch eine Gegenspur, aber die ging praktisch gegen den Strich. Nur die Fahrt in westlicher Richtung entsprach den stets wiederholten Verheißungen vom «Eden of the West», vom Gelobten Land. Und schon Henry David Thoreau dichtete: «Eastward I go only by force; but westward I go free» («Nach Osten gehe ich nur, wenn ich muß; nach Westen aber freiwillig»). Die offene Straße, an deren Ende Himmel und Highway zusammentreffen, bedeutete immer wieder Aufbruch zu neuen Ufern, zu Unbekanntem, zum Wagnis. Folklore, Literatur, Musik, John Ford's «Wagon Master» und zahllose Road Movies, TV-Serien und Zigarettenreklamen – alle variieren schließlich das Go-West-Thema wie schon zuvor die Schriftsteller Mark Twain und John Steinbeck, der Folksänger Woody Guthrie und der Komponist Bobby Troup (siehe Seite 50).

Neben der ebenfalls im Westen angesiedelten Paradiesvorstellung vom El Dorado befördert die Route 66 zugleich den Mythos der Straße als Ort der Heimatlosigkeit und des Sich-Entziehens, als Ausweg und Mittel zur Flucht, das Steve McQueen in «Getaway» ebenso nutzt wie Dr. Kimble in der einst populären Fernsehserie «Auf der Flucht». Auch für die Suche nach der verlorenen Zeit pflastert die Route 66 die passende Wegstrecke, am auffälligsten durch ihre verblichenen Zeichen und musealen Architekturen rund ums Benzin. Ein Manko? Ganz im Gegenteil! Wacklige Denkmäler und verwitterte Ruinen standen touristisch immer schon hoch im Kurs – seien es nun Maya-Tempel oder Pyramiden, die Akropolis oder die prähistorischen Klippensiedlungen der Anasazi-Indianer. Die Route 66 liefert dazu nur die neuzeitliche Variante, indem sie das gesamte Repertoire der amerikanischen Autokultur Revue passieren läßt: zierliche Zapfsäulen, riesige Werbetafeln im Wechselrahmen, stromlinienförmige Diners und kuriose Motels, deren mitunter recht eigenwillige Logos und Neonreklamen bezeugen, daß sie noch nicht an der «Kette» liegen.

Illinois macht es dem Route-66-Reisenden leicht: Seit 1995 sind in diesem Bundesstaat auf der ganzen Strecke Wegweiser aufgestellt, die ein Falschfahren beinahe unmöglich machen. Der Anfangspunkt des Highway liegt am Jackson Boulevard in Chicago.

Vor der langen Reise durch die amerikanische Provinz kann man sich in Chicago noch einmal so richtig ins Nachtleben stürzen. Die Stadt ist bekannt für ihre Jazz- und Bluesclubs, von denen einige Musikgeschichte schrieben.

Den Auftakt zur Route 66 bilden die Straßenschluchten von Downtown Chicago, in die kaum jemals ein Sonnenstrahl dringt. Erst südlich des Vororts Joliet zeigt sich das ländliche Illinois von seiner Schokoladenseite.

TRUCK STOPS UND MAISFELDER: ILLINOIS

Diese rollende Retrospektive beginnt bekanntlich in Chicago und verweilt erst mal in Illinois, dem Land Lincolns – die meisten Sehenswürdigkeiten haben direkt oder indirekt mit ihm zu tun. Wann immer hier die Rede auf die alte Trasse kommt, rühmt man sich, stets die Nase vorn gehabt zu haben: Illinois war der erste Staat, in dem der Highway eine betonierte Oberfläche bekam und wiederum der erste, in dem eine Interstate ihn ersetzte.

Die Stadtausfahrt läßt Bilder von Chicago Revue passieren, die wohl nie den Weg in die Tourismusprospekte finden werden: Lagerhallen, Geleiswüsten und Schuttberge mit dem kalten Hauch der Bronx. Es geht durch Cicero, jenen Stadtteil, der während der Prohibition von Gangstertunneln unterhöhlt war, die dem illegalen Schnapshandel dienten: Capone Country. Erst südlich von Joliet zeigt sich das ländliche Illinois von seiner Schokoladenseite: weite Maisfelder, schmucke Farmen und dicke goldgelbe Kürbisse in den Vorgärten. Auch der erste Route-66-Klassiker läßt nicht lange auf sich warten: das «Dixie Truckers Home» in McLean, ein gestandener Truck Stop, der seit den zwanziger Jahren durchgehend geöffnet hat und zu den ältesten seiner Art gehört.

Durch flaches Ackerland, in dem Getreidesilos die einzigen vertikalen Akzente setzen, führt die Route 66 weiter nach Springfield, wo sie sich mit dem «Lincoln Historical Trail» vereint. Der 16. Präsident der Vereinigten Staaten wurde hier geboren und beerdigt. Seine letzte Ruhestätte auf dem Oak Ridge Cemetery ist ein Pilgerziel für Patrioten, ebenso sein Wohnhaus und das Gebäude, in dem er als Anwalt tätig war. Im State Capitol hielt Lincoln am Vorabend des Bürgerkriegs flammende Reden.

Oben: Auf ihrem Weg durch die Vororte von Chicago überquert die Route 66 schöne alte Eisenbrücken wie diese, deren Verstrebungen noch sorgfältig von Hand vernietet wurden.

Links: Manche Teilstrecken des alten Highway muten sich nur hartnäckige Route-66-Nostalgiker zu. Hier sollte man möglichst keinen platten Reifen haben oder mit leerem Benzintank liegenbleiben.

BIG PRAIRIE COUNTRY: MISSOURI UND KANSAS

Illinois verabschiedet sich mit einem reizvollen bukolischen Finale, geprägt von Milchfarmen, Schafen und Alfalfa-Feldern. Dann öffnet sich das Mississippi-Tal, und die Route nähert sich seiner Metropole St. Louis. Mit ihrer glamourösen Schwester im Tiefen Süden, mit New Orleans und dessen Laissez-faire, hatte diese Stadt nie viel gemeinsam. Robustheit, Fleiß und Bodenständigkeit gelten von jeher als ihre wesentlichen Charakterzüge – heißen Blues und kühlen Jazz ausgenommen.

Am Ufer des Mississippi ragt der Gateway Arch wie ein Triumphbogen in den Himmel, so als wolle er das Herz von St. Louis überspannen. Dieser Eindruck täuscht, denn das urbane Herz ist längst verpflanzt worden und schlägt seither an anderen Stellen der Stadt. Die Metropole hat sich im Lauf der Zeit vom «Ol' Man River» verabschiedet – offenbar, weil sie ihrem Motto vom «Tor zum Westen» selbst mit gutem Beispiel vorangehen wollte. Sie überließ ihre Altstadt, von einigen wenigen Enklaven abgesehen, symbolträchtigen Zeichen, verstreuten historischen Relikten und modernen Großbauten. Auch auf dem Fluß sieht die Welt inzwischen nüchterner aus, denn die vereinzelten Ausflugsschiffe bringen die große Ära der Mississippidampfer nicht zurück.

Der starke deutsche Einfluß in dieser ursprünglich französischen Stadt bekam in den zwanziger Jahren des vorigen Jahrhunderts vor allem durch den Publizist Gottfried Duden Auftrieb, der in seinem «Bericht über eine Reise nach den westlichen Staaten Nordamerikas» den Mississippi mit dem romantischen Rheintal verglich und damit viele anlockte, die von Deutschland nach der gescheiterten Revolution von 1848 genug hatten. Der Zuzug

An der Straße nach Hydro, Oklahoma, reiht sich Schlagloch an Schlagloch, und der Belag besteht stellenweise nur aus Schotter. Hier findet man «Lucille's Historic Highway 66 Stop», eine kleine Ladentankstelle, die sieben Tage in der Woche geöffnet ist.

bereicherte die italienische Pasta um die deutsche Wurst und rief eine Vielzahl von Gesangs-, Kunst-, Turn- und Metzgervereinen ins Leben. Dank der tüchtigen Brauer des Adolphus Busch, dessen Nachfahren heute die Anheuser-Busch Brewery betreiben, hatte praktisch jeder seinen Biergarten um die Ecke und konnte zwischendurch über Goethe Streets und Schiller Avenues lustwandeln.

Die gefälligen Wegstrecken durch das ländliche Missouri sorgen für die nächste Überraschung auf der Reise, insbesondere, weil ihnen die Route 66 viel näher auf den Pelz rückt als die Interstate. Wer nämlich über die I-44 düst, verpaßt gerade die beschaulichen Ozarks und damit die einzige hügelige Abwechslung zwischen den Appalachian und den Rocky Mountains. Über die Bewohner dieses quellenreichen Mittelgebirges kursieren ähnliche Anekdoten wie über die Hinterwäldler aus Tennessee, Kentucky und West Virginia. Dort leben, heißt es, immer noch ziemlich einfältige Bergbauern und genügsame Burschen, die ihre Freizeit im wesentlichen mit Geschichtenerzählen, Fiedeln und Tanzen zubringen, *hillbillies* eben. Traditionell arm, bringt den Ozarkers neuerdings der Tourismus wirtschaftliche Vorteile.

Die Meramec Caverns bei Stanton bemühen sich seit über sechzig Jahren erfolgreich um Touristendollars, auch wenn die imposanten Tropfsteinhöhlen heute eher als Dinosaurier der natürlichen Unterhaltungskunst gelten. «Ich habe mehr Menschen unter die Erde gebracht und lebendig wieder auftauchen lassen als irgendwer sonst», brüstet sich Höhleneigner Lester B. Dill, der seine feuchten Kammern stets clever zu vermarkten wußte: als Partykeller, Tanzsaal oder Bunker.

Wie überall in Missouri wird auch hier viel Aufhebens um Jesse James gemacht, der die Höhlen während des Bürgerkriegs kennengelernt und sich in den siebziger Jahren des vorigen Jahrhunderts mit seinen Leuten und Pferden darin versteckt haben soll. Ein PR-Gag? Wahrscheinlich, denn es gibt keine Höhle weit und breit, die so etwas nicht von sich behauptet. Und an unterirdischen Gewölben herrscht ringsum wahrlich kein Mangel – über 5000 sind bekannt und benannt. Ton und Kalkstein, die in den Ozark Plains vorherrschen, fördern ihre Bildung.

Vor der Erfindung der Klimaanlage waren die Tiefkühltruhen von Underground Missouri besonders gefragt. Die Indianer schnitzten dort ihre Waffen und begruben ihre Häuptlinge; der spanische Entdecker Hernando de Soto stieg bereits 1542 hinab; Anfang des 18. Jahrhunderts stießen französische Bergleute auf Salpeter und betrieben daraufhin im Untergrund eine Pulvermühle. Wiedertaufen, Ku-Klux-Klan-Versammlungen und heimliche Stelldicheins spielten sich hier ab. Pilzzüchter und illegale Schnapsbrenner fühlten sich ebenso geborgen wie entlaufene Sklaven aus den Südstaaten, die die Höhlen als Zwischenstopps der sogenannten «Underground

Der berühmteste Bürger von Springfield, Illinois, war Abraham Lincoln, der 16. Präsident der USA. Auf seinen Spuren wandelt man im State Capitol, wo er am Vorabend des Bürgerkriegs flammende Reden hielt.

Im flachen Ackerland von Illinois setzen Getreidespeicher die einzigen vertikalen Akzente. Auf rund 85 Prozent des Bodens werden Nutzpflanzen angebaut, vor allem Weizen, Mais und Sojabohnen.

Nur wenige Meilen von Springfield, Illinois, entfernt liegt Lincoln's New Salem State Historic Site, ein historisches Dorf, das im wesentlichen noch aussieht wie zu Präsident Lincolns Zeiten.

Fortsetzung Seite 26

Im ländlichen Bundesstaat Missouri ist noch viel vom Geist Tom Sawyers präsent. Manche Orte bestehen nur aus ein paar Häusern an einer Straßenkreuzung.

In der Nähe von Devil's Elbow, Missouri, beginnt ein Abschnitt des alten Highway, der von Route-66-Fans wegen der steilen Flußufer-Landschaft und einer hübschen Stahlbrücke aus dem Jahr 1923 besonders geliebt wird.

Der elegante Gateway Arch in St. Louis soll die Bedeutung der Stadt als Tor zum Westen symbolisieren.

Ein Neonpfeil weist den Weg: Das «Glancy Motel» in Clinton, Oklahoma, hat schon Generationen von Route-66-Reisenden beherbergt.

ZEICHEN AM WEGESRAND

Die Route 66 als Bilderbuch

Zunächst waren es nur Schilder, später dann überdimensionale plastische Objekte und ganze Gebäude: Als erste transamerikanische Straße entwickelte die Route 66 eine autobezogene Zeichensprache – Augenfutter zum raschen Verzehr.

«Die Straße soll ein faszinierendes Buch sein, das man im Fahren lesen kann», haben die renommierten US-Stadtplaner Kevin Lynch und Frank Appleyard einmal gefordert. Der alte Highway entsprach diesem Kriterium nicht nur, er diente sogar lange Zeit als eine Art Lehrbuch für andere Straßen.

In der Frühzeit gab sich die mehr oder weniger handgemachte Beschilderung relativ bescheiden. Einzelne Motelbesitzer saßen

Der Ideenreichtum unzähliger Kleinunternehmer hat die Route 66 zu einem Lehrbuch für ausgefallene Werbung gemacht.

vor ihren Etablissements und hielten, wann immer ein Auto nahte, Pappschilder mit dem Übernachtungspreis in die Höhe. Die Meramec Caverns in Missouri verdanken ihre Berühmtheit zahllosen Scheunendächern entlang der Route 66, die mit ihrem Namen bepinselt waren.

Schon bald wurden die Werbebotschaften jedoch geschickter an den Mann gebracht: *Billboards* tauchten am Straßenrand auf, riesige Brettertafeln *(boards)*, die mit Plakaten *(bills)* beklebt waren. Nachts setzten flackernde Neonreklamen das visuelle Marketing fort. Noch heute blinken einige Exemplare dieser bunten Röhrenkunst an diversen Motels entlang der Route: flatternde Schwalben, galoppierende Cowboys oder wackelnde Bowling-Kegel.

Zu den eindimensionalen Botschaften gesellten sich bald plastische Augenfallen, riesige Figuren oder Objekte, die mal Werbezwecken dienten, mal Denkmalfunktion übernahmen, in jedem Fall aber den Unterhaltungswert der Autofahrt zu steigern suchten. Viele davon stehen noch: der Astronaut des «Launching Pad Drive-In» in Wilmington (Illinois), der Blaue Wal eines ehemaligen Freizeitparks in Catoosa (Oklahoma), der Ölbohr-Riese in Tulsa, die Super-Milchflasche in Arcadia, die gut 8 Meter langen, leuchtendroten Zwillingspfeile des «Twin Arrows»-Truckstops an der I-10 zwischen Winslow und Flagstaff, die so aussehen, als seien sie aus dem All auf die Erde abgeschossen worden. Als Trick zum Touristenfang war ursprünglich auch der schiefe Turm von Groom in Texas angelegt: Er sollte die Neugier der Vorbeifahrenden wecken und sie zum Stopp verleiten. Noch heute zieht der Wasserturm, der jeden Moment in sich zusammenzufallen droht, viele Blicke auf sich. In Webb City (Missouri) dagegen kann man Hehres bewundern: die Mega-Skulptur der «Betenden Hände», die sich auf einem Hügel theatralisch für den Frieden in der Welt falten – ein Albrecht Dürer im Großformat.

Konsequenterweise führte die Entwicklung der Zeichen vom Plakat über die plastische Form weiter zum Gebäude: Dieses selbst sollte Werbegestalt annehmen. Seit den zwanziger und dreißiger Jahren entstand eine wahre Flut von drolligen Baukörpern «in Form von» oder «im Stil von». Imbißbuden gingen in Form von Eisbergen, Ölbohrtürmen, Sombrero-Hüten, Kaffeekannen oder Windmühlen ins Rennen um die Aufmerksamkeit der Reisenden, während Tankstellen und Motels sich im Stil britischer Landhäuser oder spanischer Missionen den mobilen Kunden empfahlen. Die Beton-Zelte der «Wigwam Motels» in Holbrook (Arizona) und Rialto (Kalifornien) sind guterhaltene Beispiele für diese Architektur des amerikanischen Humors.

Origineller Blickfang am Straßenrand: Was zunächst wie eine Zapfsäule aussieht, entpuppt sich bei näherem Hinsehen als Werbung für ein Dinner Theatre in Branson, Missouri.

Das «Ariston Café» in Litchfield, Illinois, befindet sich seit 1924 in Familienbesitz. Hier kann man nicht nur hervorragend essen, sondern auch Souvenirs von der berühmtesten Straße der Welt kaufen.

Railroad» nutzten, einem ausgeklügelten Versteckssystem, das ihnen zur Flucht in die Unionsstaaten und damit in die langersehnte Freiheit verhalf.

Vielleicht ist es tatsächlich die mittige Lage, die Missouri zu einem amerikanischen Mikrokosmos macht. «Missouri ist ganz Amerika an einem Ort», schrieb jüngst der Herausgeber der Tageszeitung «St. Louis Post-Dispatch». «Im Mai gleicht Missouri Virginia und üppigen Apfelgärten voller pinkfarbenen und weißen Blüten; im späten Juni wogt der golden-reife Weizen wie in Kansas, Nebraska und den Dakotas; im August ähnelt Missouri den leuchtenden Mais-Prärien von Illinois; Missouri ist steiniges Farmland wie in Neuengland mit blau schimmerndem Rittersporn und Rosen entlang der Zäune, knochentrockenes Minengestein wie in Oklahoma, New Mexico und Arizona, weite Baumwollfelder und Rübensammler mit bauchigen Beuteltaschen wie in Alabama, Mississippi und Louisiana.»

Die flüchtigen Eindrücke im fahrenden Auto reduzieren dieses Potpourri naturgemäß auf Details, auf Vielfalt im Kleinen. Gelbe Schulbusse verteilen die Kinder wie Wildblumen übers Land. Sie blinken heftig bei jedem Stopp, damit die *locals* ihr Tempo drosseln und die alte Straße nicht mit der neuen nebenan verwechseln. Neben der Interstate sind auch hier wieder die Eisenbahngeleise mit von der Partie: als dritte Schiene im Bunde des «Travel Trios», das über hundert Jahre amerikanischer Verkehrsgeschichte dokumentiert.

Wie aus dem Ei gepellt sitzen die weißen Häuschen auf den Wiesen, das Auto vor der Tür, die *mailbox* dicht an der Straße: ländliches Amerika wie aus dem Bilderbuch. Besonders Cuba wird das Herz eines jeden Route-66-Fans höher schlagen lassen, denn hier leben zahlreiche Oldies aus den Anfangsjahren des Highway munter fort, allen voran die schmucken, aus handbehauenem Ozark-Gestein erbauten Hexenhäuschen des «Wagon Wheel Motel», das «Eat 66 Café», der «66 Pizza Express» und die «Route 66 Lounge».

Die sattgrüne, hügelige Landschaft von Missouri bekennt weiterhin Farbe. Und wer die friedlich grasenden Pferde, die Eisenbahn, die altersschwachen Telefonmasten vorüberziehen sieht, der fühlt sich unweigerlich in eine andere Zeit versetzt. In solchen Momenten fördert die Route-66-Archäologie plötzlich Leben zutage, und zwar bezeichnenderweise immer dann, wenn sich der alte Highway seinen Weg durch Provinz und Alltag sucht und dabei ein Stück Amerika zum Vorschein bringt, das für die meisten längst überholt und abgemeldet zu sein scheint, das aber schlichtweg zum Schönsten zählt, was dieses Land zu bieten hat.

An der Hauptstraße des ebenso hübschen wie winzigen Halltown erhält man, wenn man Glück hat, hinter falschen Fassaden die richtigen Auskünfte. Im Andenken-

Fortsetzung Seite 33

Stromlinien-Look für das automobile Zeitalter: Die Formen der ersten Schnellrestaurants entlang der Route 66 waren amerikanischen Straßenkreuzern dieser Zeit entlehnt. Besonders stilecht fährt man daher in einem Oldtimer vor.

Im Totem Pole Park in Foyil, Oklahoma, kann man den größten Totempfahl der Welt bewundern.

CHRONIK DER ROUTE 66

Eine Straße wird zum Denkmal

Ende der zwanziger Jahre verband der Highway 66 erstmals den amerikanischen Mittelwesten mit der Pazifikküste – die erste große Nationalstraße, die das Gesicht der Vereinigten Staaten nachhaltig veränderte.

Die erste Durchquerung der USA mit dem Auto 1903 erfolgte noch über Schotter, Holzplanken und mit Ziegelsteinen befestigte Wegstrecken. 1908 brachte Henry Ford sein berühmtes «Model T» auf den Markt, das unter dem Kosenamen «Tin Lizzie» sofort reißenden Absatz fand: Schon nach einem Jahr waren 19 000 Exemplare verkauft, und vier Jahre später wurden bereits täglich tausend Stück produziert.

1

3

2

Der Siegeszug des Automobils veränderte die Nation von Grund auf: Amerika begann zu reisen. Gleichzeitig löste er eine Krise aus, denn es fehlten geeignete Straßen. 1916 unterschrieb Präsident Woodrow Wilson den «Federal Air Road Act», ein Gesetz zum Bau von Nationalstraßen und deren Finanzierung durch den amerikanischen Steuerzahler. Ein Jahr später gründete Frank Phillips in Oklahoma die legendäre «Phillips Petroleum Company».

Der Wunsch nach einer durchgehenden Ost-West-Verbindung regte sich besonders stark im Westen. Vor allem die ländliche Bevölkerung setzte sich für den Bau von besseren Straßen ein («Better Roads Movement»), um das Monopol der mächtigen Bahngesellschaften zu brechen. Der amerikanische Automobilclub setzte sich an die Spitze der Straßenbau-Lobby.

1921 bewilligte der Kongreß erneut beträchtliche Steuermittel für den Ausbau des Straßennetzes. Fast-Food-Restaurants und Tankstellen schossen wie Pilze aus dem Boden. Von ihren Enden her wurde die Route 66 mit Asphalt und Beton befestigt: Illinois und Kalifornien spielten die Vorreiter, Oklahoma bildete das Schlußlicht.

Der in Tulsa (Oklahoma) ansässige Verkehrsexperte und Geschäftsmann Cyrus Steven Avery kämpfte am hartnäckigsten für eine Durchgangsstraße, nicht ohne den Hintergedanken, daß eine Transkontinentale zwischen dem *Heartland* und dem Westen die Wirtschaft in Oklahoma ankurbeln würde. 1925 tauschten die Bundesstraßen ihre bisherigen Namen gegen Nummern.

Am 11. November 1926 erhielt der von Avery konzipierte US Highway offiziell die Nummer 66. Damit schlug die Geburtsstunde der Straße. Avery galt fortan als «Vater der Route 66». Zwar bestand die Strecke zunächst nur aus einem Flickwerk von örtlichen Landstraßen und alten Wegen. Doch zweifellos markierte Averys Pioniertat den entscheidenden Wendepunkt vom Straßenbau als kommunaler Initiative zu dem koordinierter staatlicher Planung. Um Werbung für die neue Straße zu machen, schrieb man 1927 einen Marathonlauf von Los Angeles nach Chicago aus. Der zunächst nur 6 Meter breite Highway legte sich nach und nach eine spezifische Autokultur zu. Einfache Tourist Courts und kleine Motels entstanden, ebenso die ersten Drive-Ins. Camping gewann an Popularität. Die erste Tankstelle der «Phillips Petroleum Company» machte aus dem Highway-Schild ein Markenzeichen: «Phillips 66».

Der inzwischen verbesserte Zustand der Route lieferte mehr Anlaß zum Optimismus als die Gesamtwirtschaft. Auf den Börsenkrach am «Schwarzen Freitag» 1929 folgte die Große Depression. Um Arbeitsplätze zu schaffen, flossen weitere Gelder in den Straßenbau. Immer mehr Tankstellen, Motels, Hamburgerbuden und Souvenirläden säumten den Highway. Dabei handelte es sich durchweg um Familienunternehmen.

1 Mit dem «Federal Air Road Act» schuf Präsident Woodrow Wilson 1916 die Grundlage für den Bau der amerikanischen Nationalstraßen (Foto von 1920).

2 In San Bernardino, Kalifornien, eröffneten die Brüder McDonald 1939 ihre erste Hamburgerbude. Das Kleinunternehmen entwickelte sich in wenigen Jahren zu einem Fast-Food-Imperium (Foto von 1955).

4

5

3 **Zur Zeit der Depression war die Route 66 die Rettungsleine, die einem Heer von Arbeitslosen den Weg ins «Gelobte Land» Kalifornien wies (Foto aus den dreißiger Jahren).**

4 **Der berühmte Ford Model T, auch «Tin Lizzie» genannt, versetzte eine ganze Nation in Aufbruchstimmung (Foto von 1908).**

5 **Während der großen Staubstürme flüchteten unzählige Farmersfamilien aus Oklahoma in den Westen (Foto von 1938).**

Dürreperioden und Staubstürme verwandelten 1934 weite Landstriche des Süd- und Mittelwestens in eine Mondlandschaft. Hunderttausende rafften ihre letzten Habseligkeiten zusammen und verließen die «Dust Bowl». Für die Heimatlosen wurde die Route 66 zur Straße der Flucht, aber auch zur Straße der Hoffnung, denn sie träumten von einer besseren Zukunft im «Gelobten Land» Kalifornien.
Der Kriegsausbruch brachte 1940 neuen Schwung auf die Route 66. Enorme Investitionen der Rüstungsindustrie in Kalifornien lösten eine massive Migration von Arbeitskräften aus und zahlreiche Ausbildungslager und andere militärische Einrichtungen entstanden in der Nähe der Route, die nun zur Hauptachse für Waffentransporte und Truppenbewegungen avancierte.
Nach Kriegsende begann das Goldene Zeitalter der Route 66: Eine Reiselust von ungeahntem Ausmaß ließ das Tourismusgeschäft blühen. Der Wettbewerb unter den Etablissements verschärfte sich, denn die Kundschaft war inzwischen zahlungskräftiger und anspruchsvoller geworden. Vor allem komfortablere Unterkünfte waren gefragt: Motels mit Pool, Fernsehen und Klimaanlage. Attraktionen am Straßenrand sollten die Autofahrer zum Verweilen und Geldausgeben verleiten.
Der «Interstate Highway Act» von 1956 läutete den Anfang vom Ende ein. Er schuf die gesetzliche Grundlage für den Bau kreuzungsfreier Autobahnen, die sich an deutschen Vorbildern orientierten. Nach und nach ersetzten sie die alte Bundesstraße und deren innerstädtische *commercial strips*. Für ganze Kleinstädte bedeutete das den wirtschaftlichen Ruin, denn die Interstate ließ sie plötzlich links liegen und verurteilte sie zur Bedeutungslosigkeit.
In den sechziger Jahren begann der Stern der Route 66 zu sinken. Hotelkonzerne und Fast-Food-Ketten traten ihren Siegeszug an und verdrängten die Familienbetriebe. Das arabische Ölembargo von 1973 führte zur Benzinrationierung. In den Folgejahren schloß mehr als die Hälfte der Tankstellen für immer. 1977 wurde das letzte 66-Schild in Chicago abmontiert.
1984 bestand die Verbindung zwischen Chicago und Los Angeles durchgehend aus Interstate Highways. Die US 66 verschwand von den Landkarten. Als letzte Stadt auf der Route wurde 1985 Williams (Arizona) durch einen *bypass* umgangen.
Während die alte Route mit dem Tod kämpfte, erwachte ihr Mythos zu neuem Leben: Für viele Amerikaner wurde sie zum Symbol von Freiheit und Abenteuer. Vereinigungen gründeten sich, die Teilstücke der vergessenen Straße pflegten. Inzwischen überlegt man im US-Kongreß, ihre Reste unter staatlichen Schutz zu stellen. Solche historische Spurensicherung liegt im Trend: Auch der «California Trail» und der «Pony Express Trail» wurden bereits der nationalen Erbmasse zugeschlagen.

Die Runde Scheune von Arcadia, Oklahoma, wurde 1898 erbaut – lange bevor auch nur die Idee des Highway geboren war. Heute gehört sie zu den berühmtesten Wahrzeichen der Route 66.

Die Meramec Caverns in Missouri dienten schon Jesse James als Unterschlupf. Mit dem Gangster nahm es ein schlimmes Ende, die Tropfsteinhöhlen aber gehören zu den Pflicht-Stopps an der alten Straße.

Wo für alles und jedes geworben wird, will auch die Kirche vertreten sein: In Groom, Texas, ruft ein überdimensionales Neonkreuz die Vorüberfahrenden zur Andacht auf.

laden lauern manchmal wahre Plaudertaschen und Route-66-Historiker. «Früher war auf der Straße hier der Teufel los. Man mußte regelrecht aufpassen bei dem vielen Verkehr, wenn man sicher von einer Seite auf die andere kommen wollte. Heute können hier die Kinder Tennis spielen», erzählt der ehemalige Lehrer, der im Kramladen Dienst tut. Thelma, seine Partnerin, bringt es auf den Punkt: «66 was a blessed road. It tied the country together. It was a pipeline.» («Die Route 66 war eine gesegnete Straße. Sie stellte Verbindungen her. Sie war eine Lebensader.») Die neue I-44 dagegen sei nur noch eine «pipeline of drugs», ein Transportweg für Drogen.

Auch die vielen künstlich angelegten Seen ringsum kommen im Kramladen zur Sprache. «Klar, sie haben die Freizeitfischer und andere Sportsfreunde angelockt, aber auch viele Zwangsumsiedlungen verursacht. Ganze Farmen gerieten unter Wasser. Leute mußten ihr Land verlassen, und Friedhöfe sind umgelegt worden.»

Der blaue Wal war einst die Attraktion eines Vergnügungsparks in Catoosa, Oklahoma. Viele Reisende machten hier für ein Picknick halt oder um sich im Wasser zu erfrischen.

Nur ganze 13,2 Meilen bindet sich die Route 66 an den Bundesstaat Kansas, dafür aber aufs innigste. Wie mit dem Kartoffelstempel hat man die Straßendecke mit der Nummer «66» imprägniert, so als wollte man ihre Flüchtigkeit bannen und sie mit Beschlag belegen. Vergeblich. Es sei denn, man steigt aus. Im Café erzählt ein Mann über die schlimmen Jahre der Sandstürme in der «Dust Bowl» (siehe Seite 31). Als Kind hätten ihm seine Eltern immer ein Seidentuch über die Wiege gehängt, um ihn vor dem Staub zu schützen. «Selbst die Pferde konnte man nicht mehr rausschicken, weil sie erstickten. Die Leute haben feuchte Tücher in die Fenster gehängt. Die Tücher, die die Mütter nachts auf die Gesichter ihrer Kinder gelegt haben, waren morgens rotgefärbt.»

GEBURTSLAND DER ROUTE 66: OKLAHOMA

Schon in Illinois wird auf Heuschobern Werbung für die Meramec Caverns gemacht. Die verblichenen Schriftzüge zeigen deutlich, daß die Höhlen seit den Anfangsjahren der Route 66 ein Touristenmagnet sind.

Vor dem weiten Horizont über flachen Feldern steht es an der Grenze schwarz auf weiß zu lesen: «Welcome To Oklahoma, Native America». Namentlich geht das in Ordnung, denn «Okla» bedeutet «Menschen» in der Sprache der Choctaw-Indianer und «homma» «rot». Oklahoma, Land der Rothäute also. Mit dem «native» allerdings, dem «gebürtigen», hat es so seine eigene Bewandtnis, auch, wenn heute in Oklahoma mehr *Indian Americans* leben als in irgendeinem anderen Bundesstaat. Dennoch zählt die Geschichte der Landnahme dieser ursprünglich als «Indian Territory» ausgewiesenen Region zu den traurigsten und unrühmlichsten Kapiteln der amerikanischen Siedlungsgeschichte (siehe Seite 81).

Ja, und Oklahoma heute? «Nein, danke!», denken sicher die meisten. Florida, New York, Kalifornien – okay. Aber Oklahoma? Das riecht nach tiefster Provinz. Tatsächlich, Alpen-Panoramen, Glitzermetropolen oder

Albuquerque, New Mexico, war von Anfang an eine wichtige Station für Reisende auf der Route 66. Noch heute führt der Highway auf der Central Avenue mitten durch die Stadt.

Zu den am häufigsten fotografierten Motiven an der Route 66 gehören die Oldtimer der Cadillac Ranch. Sie sollen an das Goldene Zeitalter auf der «Hauptstraße Amerikas» erinnern.

Traumstrände sucht man hier vergeblich. Im amerikanischen «Heartland», wo Ost und West sich treffen, scheint die Welt aus flacher Prärie und stillen Winkeln zu bestehen. Schon einer der ersten Europäer, der spanische Conquistador Coronado, notierte im Jahr 1540: «Wenn man sich hier auf den Rücken legt, verschwindet der Rest der Welt aus dem Gesichtskreis.»

Und die Städte? Als erstes rückt die Route Tulsa ins Bild. Die spektakulären Ölfunde von 1901 brachten der «Oil Capital of the World» Publicity und Reichtum ein. Im Zuge des schwarzen *Gold Rush* verschönerte sich das Stadtbild beträchtlich, und einige philantropische Ölbarone taten sich sogar als Kunstmäzene hervor. Von diesem Erbe profitiert der Besucher heute noch. Filigrane Tupfer zeugen allenthalben von reicher ornamentaler Phantasie am Bau, die das Art déco hat walten lassen: die «Zick-zack-Moderne» der zwanziger Jahre, die Stromlinien der dreißiger Jahre, aber auch die klotzigen Klassizismen aus der Zeit der Großen Depression und des New Deal. Die wahren Highlights von Tulsa aber sind die Kunstsammlungen des Philbrook- und Gilcrease Museums; sie gehören zu den besten im Land. Und wer durch die terrassierten italienischen Gärten der Philbrook-Villa schlendert, wird weder mitbekommen, daß Tulsa heute eine der Top-Adressen für Petroleumtechnologie ist, noch etwas davon spüren, daß gleich um die Ecke die Prärie beginnt.

Eine umfassende Sanierung hat bewirkt, daß die Innenstadt von Albuquerque sich heute wieder von ihrer besten Seite zeigt. Originelle Boutiquen, Straßencafés und gepflegte Restaurants laden zum Bummeln ein.

Im «Big Texan» am Stadtrand von Amarillo, Texas, wird hungrigen Reisenden ein Zwei-Kilo-Steak aufgetischt. Wer die riesige Portion innerhalb von einer Stunde vertilgen kann, ist Gast des Hauses.

Unübersehbar winkt zum Abschied der schlanke Turm der Boston Memorial Church, bevor sich die Route profaneren Dingen zuwendet: Am Arkansas River dampfen und brodeln die Raffinerien. Wer am Rockzipfel der «Mother Road» klebt, wird über kurz oder lang auch mit den Schattenseiten Amerikas konfrontiert. Schließlich war die so oft als beschauliches Förderband der Sehnsucht nach der guten alten Zeit gepriesene Strecke nirgendwo und zu keiner Zeit nur von glücklichen Pepsi-Gesichtern, *Moms & Dads* und *Malts & Burgers* umstellt.

Was folgt, bietet mehr Abwechslung und liest sich wie ein typischer Oklahoma-Mix: Kühe, Raffinerien und nickende Ölpumpen, von denen manche so aussehen, als seien sie Insekten von einem anderen Stern. Ranches und Nußbäume bereiten den Auftritt eines Unikums vor, das in keinem Fotoalbum von der «66» fehlen darf: die rote Scheune von Arcadia, eine Art pastorales Pantheon von Oklahoma und zugleich ein rustikaler Ballsaal, der für seine mitreißenden Tanzveranstaltungen bekannt ist.

Oklahoma City wartet mit den Stockyards auf, einem riesigen Viehauktionsgelände; die pompöse «Cowboy Hall of Fame» feiert Gegenwart und Geschichte der Cowboykultur. Freilich, ihre Liebe zum Öl kann die Stadt noch viel weniger verbergen: Sie besitzt das einzige Kapitol in den USA, auf dessen Grund nach Öl gebohrt wird. Die Staatskasse wird es zu würdigen wissen.

Die Route 66 scheint sich in Oklahoma besonders heimisch zu fühlen, denn sie folgt den Konturen der Landschaft, als sei sie schon immer ein Teil von ihr gewesen. An weiteren Berührungspunkten mangelt es ebenfalls nicht: John Steinbecks «Früchte des Zorns» spielen in Oklahoma, der Folksänger Woody Guthrie und der Cowboy-Philosoph Will Rogers (siehe Seite 79) wurden hier geboren, Cyrus Steven Avery, der Gründervater des Highway, war ein Mann aus Tulsa, und die legendäre Benzinmarke «Phillips 66», die noch heute überall in Amerika verkauft wird, soll ganz in der Nähe der Stadt zu ihrem Namen gekommen sein.

Gallup ist die einzige größere Stadt in Reichweite des Navajo- und Hopi-Reservats. Der hohe Anteil der Indianer an der Bevölkerung gibt ihr ein besonderes Gepräge.

«Home of Garth Brooks» steht auf dem Ortsschild von Yukon. Der Hinweis auf den berühmten Countrysänger, gegenüber den Getreidesilos der Mehlfabrik «Yukon's Best Flower & Grain Co.» postiert, hilft der städtischen Imagepflege. Westlich des Städtchens reißen die Horizonte der *Western Prairie* auf – Breitwandbilder voller Viehherden, kargem Weideland und Ölpumpen. Keine Frage, der langersehnte Westen ist erreicht.

Der «66 Diner» in Albuquerque ist eine nostalgische Reminiszenz an das Amerika der fünfziger Jahre. Vom Tresen funkelt es türkis, pink und verchromt, auf der Bar stehen kleine Plastikflamingos, und aus der Musikbox dröhnt Jerry Lee Lewis (Mitte und unten).

WO DER WILDE WESTEN BEGINNT: TEXAS

In Texas sei alles ein bißchen größer, behaupten die Bewohner des riesigen Bundeslands selbstbewußt. Die Route 66 durchquert den «Lone Star State» allerdings nur an seiner schmalsten Stelle, am «Pfannenstiel», dem *Panhandle.* Diese Region, die einst «Land des kurzen Grases und der langen Hörner» hieß, gehört zum nördlichen Teil der Llano Estacado, die wiederum das Südende der Great Plains bildet. Seit Indianer und Büffel nach den Kriegen am Red River (1875) verschwunden sind, dreht sich hier alles um *agribusiness*, Viehzucht und Öl. Die Konzentrationsbewegung in der Landwirtschaft wirkt sich auf die kleinen Familienfarmen und Ranchbetriebe verheerend aus. Viele sind inzwischen hoffnungslos verschuldet, denn sie haben keine Chance gegen die generalstabsmäßig geführten Großbetriebe, gegen die Massentierhaltung der *corporate farms* und deren technologisch hochgerüstete Maschinenparks. Selbstmorde und immer mehr Gewaltverbrechen sind oft die Folge. Nicht nur der neue Straßenbau war also für das Sterben vieler Kleinstädte entlang der Route verantwortlich. Die meisten von ihnen könnten praktisch rund um die Uhr ihren hausgemachten Western inszenieren. Etwa das kleine texanische McLean: Stille, Staub und menschenleere Straßen – Zeit für die Stunde Null und den *showdown.*

Stadtauswärts breitet sich das Grasland der High Plains aus. Außer ein paar Häuschen und einer hübschen kleinen Kirche erinnert noch die ausgediente «Super Phillips 66 Service Station» von Alanreed an vergangene Tage. Wie gründlich die vorbei sind, sagt ein Schild:

Tucumcari in New Mexico hielt schon in den fünfziger Jahren die unvorstellbare Zahl von 2000 Motelzimmern bereit. Fast jeder, der auf der «Mother Road» unterwegs war, hat hier einmal übernachtet. Eine Legende unter den Route-66-Motels ist das «Blue Swallow», dessen blaue Neonschwalbe schon aus der Ferne vor dem Abendhimmel leuchtet.

Bei der International Balloon Fiesta in Albuquerque tummeln sich Hunderte von bunten Heißluftballons am Himmel.

GMC TRUCK

Südlich von Santa Fe, New Mexico, durchquert der Highway die breite Talsohle des Rio Grande, begrenzt von den Sangre de Cristo Mountains im Osten und den Jemez Mountains im Westen. In dieser Region existieren noch zahlreiche indianische Pueblos.

New Mexico ist bekannt für sein Licht und seine Farben, die sogar erfahrene Fotografen verblüffen. So ist es nicht verwunderlich, daß sich hier schon im 19. Jahrhundert viele Maler und Schriftsteller niederließen.

Die San Miguel Mission in Santa Fe (1710) ist ein typisches Beispiel für die Lehmziegelarchitektur des amerikanischen Südwestens. Sie gehört zu den ältesten Kirchen in den USA.

«Pavement ends». Wer trotzdem hier der Originalstrecke folgt, kann unter Umständen sein rotes Wunder erleben – nach Regenfällen verwandelt sich der Lehmboden in eine unbarmherzige Matschfalle.

Gleich bei der Einfahrt nach Amarillo stehen am Boulevard wieder die alten Kameraden der Route 66 Spalier: Cafés, Stellplätze für Camper und Motels, deren Neonreklamen sich mit den Verkehrsschildern in einem Himmelreich der Zeichen vereinen (siehe Seite 25). Wenn man in der Stadt jemandem begegnet, der wie ein Cowboy aussieht, kann es durchaus passieren, daß er auch einer ist. Die hohe Wahrscheinlichkeit, daß etwas echt ist, trägt dazu bei, daß in dieser rund 1000 Meter hoch gelegenen und 1887 gegründeten Metropole des Panhandle, die sich aus einer «Ragtown» genannten Zeltstadt heraus entwickelte, noch der selbstzufriedene und familiäre Ton des Old West kursiert. Wer hier wohnt, nennt seine Stadt «The Yellow Rose of Texas». Verständlicherweise – «Amarillo» heißt nun mal «gelb» auf spanisch, und auch das Wasser des nahen Creek trägt diese Farbe.

Wer sich für indianisches Kunsthandwerk interessiert, sollte sich an der Plaza von Santa Fe umsehen. Das Angebot reicht von Schmuck über Keramik bis hin zu Webarbeiten.

Viehauktionen sind hier allemal einen Stopp wert. Von romantischer Schwärmerei und Urban-Cowboy-Mode keine Spur: Alles dreht sich um propere Bullen und harte Dollars. Über 70 Prozent aller texanischen Rinder wechseln in Amarillo den Besitzer. Auch für ästhetische Tupfer ist gesorgt. Immerhin leistet man sich ein Sinfonie-Orchester und eine Ballettruppe. Naturdenkmäler von einzigartiger Schönheit warten im Palo Duro Canyon praktisch vor der Haustür – ein idealer Einstieg in die wundersamen Steinwelten des amerikanischen Südwestens, besonders kurz vor Sonnenuntergang.

Und dann die schräge «Cadillac Ranch», der Auto-Gag auf dem Acker: ein Stonehenge der Vereinigten Staaten! Schon Bruce Springsteen hat sie besungen. Zehn zur Hälfte eingegrabene Limousinen strecken ihr Hinterteil in die Höhe, in Schieflage wie die Enten im See. Der reiche texanische Unternehmer Stanley Marsh 3 gab die Installation 1974 bei der «Ant Farm» in Auftrag, einer experimentellen Künstlergruppe aus San Francisco.

Der historische Kern von Albuquerque umschließt eine schattige Plaza, die von den Türmen der Kirche San Felipe de Neri (1706) beherrscht wird.

Das letzte texanische Rendezvous der Route spielt sich in Glenrio ab; der Name des Ortes ist eine Kombination aus «Glen» und «Rio» und ein Beispiel für das sogenannte «Spanglish», dem im Südwesten der USA häufig anzutreffenden Sprachsalat aus englischen und spanischen Brocken. Aber was bedeutet das hier schon? Ein Pferd, ein bellender Hund sind das einzig Lebendige in dieser *ghost town*, in der die Lichter längst ausgegangen sind. Selbst das alte Postamt, ansonsten eine der verläßlichsten Institutionen amerikanischer Kleinstädte, hat seinen Geist aufgegeben. Nur noch das Schild vom «First/Last Motel in Texas» – je nach Fahrtrichtung zu lesen – steht noch, aber auch wohl nur, weil ein Kugelhagel nicht richtig getroffen hat.

LAND DER VERZAUBERUNG: NEW MEXICO

Eine optimistische Zeichenwelt empfängt den Besucher dagegen in Tucumcari, wo der gleichnamige Boulevard einige besonders schöne Motel-Klassiker zur Schau stellt. Zwischen 1930 und 1960 war die Stadt ein beliebter Rastplatz für Route-66-Reisende. Eine blaue Schwalbe schwebt elegant über dem Eingang des «Blue Swallow Motel», während ein markanter Rodeo-Cowboy das «Buckaroo Motel» am westlichen Ende der Straße ziert. Wie alle Neonreklamen laufen Schwalbe und Reiter erst im Dunklen so richtig zur Hochform auf.

New Mexico verdankt der «66» den Anschluß an den Rest der Nation. Weitgehend zumindest, denn so ganz ist dies bis heute nicht geglückt. Vieles geht hier noch seinen gemächlichen Gang – im Eselstempo. So mancher Brief landet erst mal in Mexiko, weil sich noch nicht herumgesprochen hat, daß New Mexico ein US-Bundesstaat ist. Nicht die große Welt, nur das Naheliegende zählt. Jeder hier redet darüber, ob sich der *chile* schon rot färbt, was das Zeichen für einen frühen Winter ist; oder ob man schon genug Holz zum Heizen hat. Diejenigen, die ihr Holz noch selbst aus den Bergen holen, genießen einen besonderen Status, weil sie an den alten Sitten festhalten und nicht einfach Propangas benutzen.

Oben: Bei Santa Rosa sind schon mehr Reisende im Schnee steckengeblieben als irgendwo sonst auf der Route 66. Schneeräummaschinen sind im Wüstenstaat New Mexico Mangelware.

Links: Südlich von Grants, New Mexico, beginnt das Malpais, eine Landschaft geprägt von Lavagestein und bizarren Felsformationen. Besonders eindrucksvoll ist «La Ventana» (das Fenster), ein großer Sandsteinbogen.

Der Chaco Canyon in New Mexico ist ein Eldorado für Hobby-Archäologen. Hier kann man die Ruinen von acht prähistorischen Indianerpueblos erkunden.

Der alten Route-66-Streckenführung aus der Zeit vor 1937 zu folgen, heißt, westlich von Santa Rosa die Interstate zu verlassen und nach Norden abzubiegen. Zwar gelangt man auf der neuen «66» schneller nach Albuquerque, aber der Umweg wird mit schönen Landschaftsbildern belohnt. Mehr noch, die alte Strecke erlaubt einen Abstecher der besonderen Art: Sie berührt Las Vegas, New Mexico. Mit ihrer berühmten Namensschwester in Nevada hat die nahezu unbekannte Kleinstadt nichts gemeinsam. Dennoch wird sie seit kurzem als Geheimtip gehandelt, weil sie abseits von touristischen Trends ihren eigenen Charakter bewahrt hat. Einen besseren Vorgeschmack auf die alten Städte von New Mexico kann es kaum geben – das beginnt bei der Pflege des baulichen Erbes, das von der spanischen *casita* bis zur eleganten viktorianischen Villa reicht. Tausende von historischen Gebäuden stehen inzwischen unter Denkmalschutz.

Kurz vor Santa Fe, der heimlichen Hauptstadt des «Milden Westens», fädelt sich die «66» ins Netz ihrer Vorgänger ein, denn der Pecos- und Santa Fe Trail suchen genau hier den Anschluß an den nach Mexiko führenden Camino Real. Die Bahngeleise verlaufen so, als würden sie dasselbe Ziel ansteuern. Doch im letzten Augenblick schrecken sie vor den Sangre de Cristo Mountains zurück, schlagen einen Haken und begnügen sich mit dem Provinzbahnhof Lamy südlich von Santa Fe.

Fortsetzung Seite 49

HOT DOGS UND ENCHILADAS

Eine Reise durch Amerikas Küchen

Auch wenn viele Schnellrestaurants entlang der Route inzwischen Kultstatus erreicht haben – auf Dauer sind Hamburger sicher nicht jedermanns Geschmack. Regionale Spezialitäten sorgen jedoch für genügend Abwechslung vom amerikanischen Fast-Food-Einerlei.

Essen und Zeit gehören bekanntlich zusammen. Fehlt letztere, so bleibt das nicht ohne Wirkung auf die Küche. Da die Amerikaner von jeher die mobilste aller Gesellschaften stellen, haben sie zwangsläufig Mahlzeit und Geschwindigkeit gleichgeschaltet und auf den Begriff gebracht: *fast food* oder *food to go.* Das heißt: schneller und aufmerksamer Service, niedriger Preis, üppige Portionen, rascher Verzehr.

Mit dem *Chuck wagon* fing es an, dem Planwagen, der, mit ein paar schnellen Griffen hinten aufgeklappt, den Pionieren und Cowboys als Feldküche diente. Mit der Eisenbahn folgte der *Diner,* und das Auto brachte den *Drive-In* mit sich, die klassische Eßstation der Massenmobilität, reich an Tempo, aber arm an Vitaminen.

Von Anfang an leistete die Route 66 der *road food* Schützenhilfe. Entlang dem Highway entstanden nicht nur die ersten Drive-Ins, sondern auch wesentliche Bestandteile ihres kulinarischen Sortiments: Die *deep-dish pizza* eroberte Chicago, der *hot dog* wurde in St. Louis kreiert, der erste McDonald-Hamburgerstand eröffnete im kalifornischen San Bernardino.

Die regionale Küche der verschiedenen Bundesländer sorgt jedoch immer wieder für geschmackliche Nuancen, die von der traditionellen Routenkost abweichen.

1

2

3

4

Der Bundesstaat Oklahoma wartet mit Country-Küche auf – viel Bratenfleisch, dazu Süßkartoffeln und *gravy,* eine gehaltvolle Sauce. In Afton serviert man *buffalo burger,* die sich durch besonders mageres Fleisch auszeichnen. Deftige Spezialitäten stehen in den Stockyards von Oklahoma City auf dem Speisezettel: Rinderhirn mit Ei etwa oder Rinderhoden im Schlafrock.

Texas, das bedeutet naturgemäß riesige Steaks, Klapperschlangen-Stew und *chili con carne;* mit etwas Glück erwischt man hier nicht nur die erste gute *margarita,* sondern in Amarillo bisweilen auch köstlichen Fisch, der nach Art der Südstaaten *blackened* serviert wird – in einer scharf angebratenen Pfefferkruste.

Freunde der mexikanischen Küche kommen in New Mexico und Arizona auf ihre Kosten: Was auch immer man hier bestellt, Mais, Bohnen und Chilischoten gehören dazu. Schon bei der ersten Bestellung gibt's meist *chips and salsa* oder *pico di gallo,* Knuspriges mit einer köstlichen Sauce aus Zwiebeln, Tomaten, Koriander und natürlich Chili. Beliebte Vorspeisen sind *quesadillas* und *enchiladas,* Teigtaschen aus Maismehl mit einer Füllung aus Käse, Hühnerklein oder gehacktem Rindfleisch. Bohnen werden am liebsten *refried* serviert, also vorgekocht und dann in heißem Öl gebraten, dazu gibt es knackigen grünen Salat, Sauerrahm und *guacamole,* ein Püree aus Avocadostückchen, Tomaten, grünem Chili und Knoblauch.

In Kalifornien schließlich tut sich eine geschmackliche Vielfalt auf, die man während der letzten 1000 Meilen schon nicht mehr vermutet hätte: Von italienisch bis japanisch, von französisch bis russisch ist jedes Land kulinarisch vertreten. Die experimentierfreudige *California Cuisine* kombiniert einheimische Zutaten mit exotischen Gewürzen. Zu allem Überfluß sorgen neuerdings zahlreiche duftende Kaffee-Boutiquen dafür, daß man in den USA nicht nur Plörre, sondern auch Espresso, Cappuccino und Caffè latte trinken kann.

5

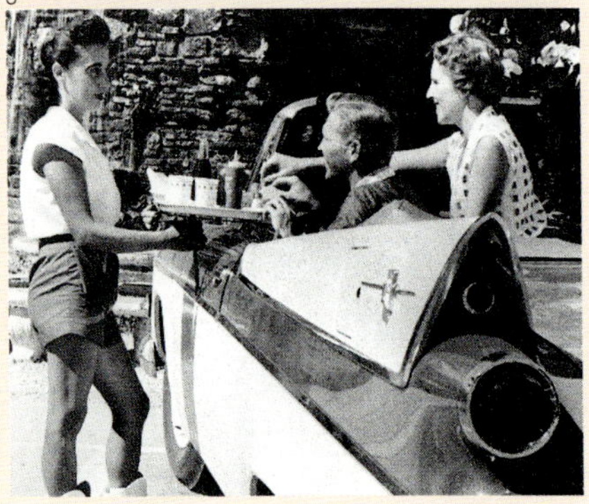

1–4 **Wem beim Gedanken an die amerikanische Küche nur Hamburger und Coca Cola einfallen, der wird entlang der Route 66 überrascht werden: Die ethnische Vielfalt der USA quillt aus ihren Töpfen und Küchen.**
5 **Freundlicher und schneller Service wurde in den Drive-Ins von Anfang an großgeschrieben (Foto von 1957).**

In Oatman, Arizona, kann man am Wochenende inszenierte Schießereien im Wildweststil erleben. Das «Oatman Hotel» in der Ortsmitte wurde als Hochzeitsnacht-Versteck von Clark Gable und Carole Lombard berühmt.

Ausblicke, die einem Reisenden auf der Interstate verwehrt bleiben: die «magischste Straße der Welt» im Hügelland Arizonas.

Im Barber Shop von Angel Delgadillo in Seligman wurde die Historic Route 66 Association geboren, die Bewegung zur Erhaltung des alten Highway in Arizona.

Das «Route 66 Café» in Santa Rosa ist eine Bastion gegen die öden Fastfood-Restaurants, die sich selbst hier in New Mexico in jedem kleinen Nest etablieren.

Wer auf der alten Wegstrecke in die Stadt einfährt, dem präsentiert sich Santa Fe wie eh und je von seiner schönsten Seite. Vorbei an malerischen Lehmziegelbauten und an der alten San Miguel Chapel geht es zum Ziel am Ende des Trails, der Plaza.

Hier trifft und kreuzt sich alles, was Santa Fe seine Vielfalt verleiht, ein idealer Ort zum Sitzen und Schauen, ein Treffpunkt aber auch und ein Platz, der emsig umkurvt wird – von zerbeulten *pickups*, ordentlichen Touristenmietwagen, eiligen Biertransportern, hispanischen *low riders* und *high rollers*. Man hört Englisch, Spanisch und indianische Sprachen querbeet. Beim Palace of the Governors haben die Indianer der umliegenden Pueblos ihre Decken ausgebreitet und bieten Schmuck an.

Die Stadt des «heiligen Glaubens» wurde bereits 1610 von Don Pedro de Peralta gegründet und ist damit die älteste europäische Siedlung westlich des Mississippi. Auf besonders sinnfällige Weise verdichtet sie die kulturellen Bausteine der gesamten Region. Die alte Siedlung am Ende des nach ihr benannten Trails war einst Zentrum der spanischen Kolonialmacht und stets eng mit dem Handel der Pueblo-Indianer verbunden. Noch heute ist Santa Fe Regierungssitz und zugleich magischer Anziehungspunkt für alle, die im «American Way of Life» nicht mehr das Nonplusultra sehen.

Südlich der Stadt durchzieht die Interstate die rund 40 Meilen breite Talsohle des Rio Grande, begrenzt von den Sangre de Cristo Mountains im Osten und den Jemez Mountains im Westen. In dieser Region existieren noch zahlreiche Indianerdörfer: Isleta und Laguna Pueblo liegen direkt am Weg, Santo Domingo und Acoma nicht weit davon entfernt (siehe Seite 56).

Ganz allmählich nimmt die Landstraße in Albuquerque städtische Züge an: erst ländliches Durcheinander aus *car washes*, Ziegen und einem «Cavalier Motel», von dem nur noch das Schild steht, dann der obligatorische *shopping strip* und schließlich Downtown mit gesichtslosen Hochhäusern, die klotzig und abweisend wirken. Lebendiger wird's erst weiter südlich, im hispanischen Teil der Stadt, den Art-déco-Reste, alte Heiligenbildchen und neue Wandmalereien zieren.

In Albuquerque, der Stadt mit dem unaussprechlichen Namen, lebt fast ein Viertel der neumexikanischen Bevölkerung, was nicht heißt, daß daraus gleich eine Metropolis geworden ist. Denn mit knapp 400 000 Einwohnern hält sich Albuquerque zwar nicht in engen räumlichen Grenzen, begrenzt ist allerdings der Erlebniswert, den es Touristen zu bieten hat. Das moderne und ziemlich fade Pendant zu Santa Fe ist ein Raumfahrt-, Nukleartechnologie- und Computerzentrum, verkehrsgünstig gelegen, aber eben kein Traumziel, von der historischen Enklave der Plaza in Old Town und der fulminanten Heißluftballon-Fiesta im Oktober einmal abgesehen.

Legendäre Autos auf einer legendären Straße: Zwei Mitglieder des «Just Cruis'n Car Club» posieren stolz vor ihrem chromblitzenden Buick.

Die erste Begegnung mit dem Rio Grande zeigt, daß es mit dem «grande» nicht weit her ist. «Der Rio Grande ist der einzige Fluß in Amerika, der bewässert werden muß», witzelte schon der Entertainer Will Rogers. Je nach Wasserstand umspült er oft nur müde ein paar Sandbänke. Selten zeigt er sich spektakulär, denn seine ganze Wasserkraft verbraucht er sozusagen am Rande, wo er alles Leben zum Grünen und Blühen bringt.

Bei Los Padillas gelangt man ins Reservat der Isleta-Indianer; eine Schotterstraße führt zum Pueblo, den die prächtige St. Augustine Mission aus dem 17. Jahrhundert überragt. Der Ortsname erinnert an die Eskapaden des Rio Grande. Tatsächlich nämlich lag der Pueblo, als die Spanier kamen, auf einer Insel im Fluß. Im Vergleich zu den anderen Indianerpueblos ist es Isleta eigentlich immer recht gut gegangen. Neben dem Ackerbau brachte die Viehhaltung zusätzliche Einnahmen, so wie neuerdings auch das Bingo-Spielcasino.

Auf dem weiteren Weg nach Westen durchquert die Straße die Einöde der neumexikanischen Halbwüste und im Nu purzeln Cinemascope-Panoramen durchs Autofenster: Der Blick schweift über endlose Ebenen voller Wildblumen, betupft mit Juniper- und Pinonbüschen und durchfurcht von kleinen *washes*, während der Smog von Albuquerque am Fuß der Sandia Mountain Range nur noch den Rückspiegel trüben kann.

Fortsetzung Seite 55

Die Route 66 ist eng mit dem Leben vieler Künstler verbunden: In St. Louis lebten der Dichter T. S. Elliot (der sich hier sehr wohlfühlte) und der Dramatiker Tennessee Williams (der die Stadt scheußlich fand); in Oklahoma schrieb und sang Woody Guthrie seine Balladen; Ernest Hemingway verfaßte Teile seines Romans «Der Alte Mann und das Meer» ausgerechnet in Villa de Cubero (New Mexico), und Winslow (Arizona) wurde durch den «Eagles»-Song «Take it Easy» berühmt.

Im Grunde gibt es jedoch nur drei Werke, die sich thematisch mit dem alten Highway befassen und entscheidend zu seiner Legendenbildung beigetragen haben.

In erster Linie war es das Schicksal der Familie Joad in John Steinbecks «Früchte des Zorns», das die Öffentlichkeit bewegte. Der mehrfach prämierte Roman (1939) thematisiert die Flucht einer Farmersfamilie aus dem von Staubstürmen gebeutelten Mittelwesten nach Kalifornien. Die Route

1 Woody Guthrie besang in vielen Balladen seinen Heimatstaat Oklahoma. – 2 Nat King Cole machte den Song «Get your Kicks on Route 66» zu einem Hit. – 3 und 4 Szenen aus der Verfilmung von John Steinbecks Roman «Früchte des Zorns» (1940) und aus der Fernsehserie «Route 66» (1960).

HYMNEN AUF DIE ROUTE 66

Der Highway in Literatur, Musik und Fernsehen

«Get your Kicks on Route 66» sang Bobby Troup, und John Steinbeck beschrieb sie als «the Mother Road, the Road of Flight» – Schriftsteller, Musiker und Regisseure trugen ihren Teil dazu bei, daß aus einer Straße ein Mythos wurde.

1

2

3

4

spielt dabei die Rolle der «Mutter aller Straßen» («Mother Road»), auf der der Treck der Verzweifelten nach Westen rollt. Im Folgejahr verfilmte John Ford den Roman mit Henry Fonda in der Hauptrolle; das Rathaus und die Main Street von Sayre (Oklahoma) dienten dabei als Schauplätze. Und dann kam Bobby Troup: 1947 war er mit seiner Frau Cynthia unterwegs nach Los Angeles, wo er sich als Songwriter versuchen wollte. Die Reise auf der Route 66 inspirierte ihn zu einem Stück, das in der Refrain-Zeile das unbekümmerte Lebensgefühl der Nachkriegszeit auf den Punkt brachte: «Get your Kicks on Route 66». In L. A. verkaufte er den Song an Nat King Cole, der ihn zum Hit machte. Troups musikalische Landkarte der Straße wurde seither von zahllosen Interpreten aufgenommen, unter anderem von den Andrew Sisters, Bing Crosby, Chuck Berry, Bob Dylan und den «Rolling Stones».

Bei einer Auto-Show im New Yorker «Waldorf-Astoria Hotel» wurde in den fünfziger Jahren Amerikas erster Sportwagen vorgestellt, der zweisitzige GM Chevrolet «Corvette». Er entwickelte sich rasch zu einem Kultobjekt, das Fernsehserien, Filme und Songs inspirierte. Inzwischen wurden ihm sogar zwei Museen gewidmet und es gründeten sich eigene Fanclubs. In den sechziger Jahren strahlte der Fernsehsender CBS landesweit die populäre Serie «Route 66» aus. Sie machte den Highway zu einer nationalen Obsession. Es ging dabei um die Abenteuer zweier junger Männer, die in einem «Corvette»-Cabrio auf dem Highway unterwegs waren – nach dem Motto: «Going somewhere along the backbone of the USA», «am Rückgrat der USA entlang». Im Bewußtsein vieler Amerikaner ist der Wagentyp bis heute untrennbar mit der Straßennummer verbunden, obwohl noch nicht einmal zwei Zahnbürsten oder Unterwäsche zum Wechseln in seinen winzigen Kofferraum hineingepaßt hätten. «Meiner Meinung nach symbolisierte die Serie das Bedürfnis der Menschen, mal aus dem normalen Trott auszubrechen und ein freies Leben zu suchen», vermutete später Martin Milner, einer ihrer Darsteller.

Zwischen Joseph City und Winslow liegt ein besonders schöner Abschnitt der alten Route 66. Mutig erstreckt sich die Straße mitten hinein in die Wüste, begleitet von einer Reihe verwitterter Telefonmasten.

Wie einst Peter Fonda in dem Film «Easy Rider»: Biker auf der Main Street von Oatman, Arizona.

SPIRITS

Ein überdimensionaler Hase dient als Blickfang des «Jackrabbit Trading Post». Der bekannte Souvenirshop in Joseph City, Arizona, versorgt Touristen mit allen erdenklichen Überflüssigkeiten.

Der Besitzer des «Falcon Restaurant» in Winslow, Arizona, serviert schon seit vierzig Jahren hervorragendes Essen.

Am Horizont nehmen langsam diesige Bergsilhouetten und Mesas Gestalt an, bis endlich das silbrige Dach des Mount Taylor hervortritt, silbrig deshalb, weil dort oben, in knapp 4000 Meter Höhe, der Baumbewuchs endet. Den Navajo-Indianern, die ihn «Turquoise Mountain» nennen, gilt er als heiliger Berg. In dieser Region durchschneidet die Route das schwarze Lavagestein des Malpais, das dem Farbenspiel eine neue Nuance verleiht.

Rechter Hand folgt bald darauf Laguna Pueblo mit seinen weißgetünchten Lehmbauten; die Adobe-Kirche San José ist berühmt für ihre Innendekoration. Unter den Pueblos spielt Laguna insofern eine ungewöhnliche Rolle, als hier Mitglieder verschiedener Stämme und Dissidenten anderer Pueblos vielsprachig zusammenleben.

Villa de Cubero weckt literarische Assoziationen: Hier verkroch sich Ernest Hemingway, um sein Meisterwerk «Der alte Mann und das Meer» zu schreiben. Prosaisch dagegen das Entree zur Minenstadt Grants: Autofriedhöfe und Schrotthaufen. Trotzdem, die Stadt hält sich seit der Entdeckung der ersten Uranvorkommen in den fünfziger Jahren bis heute tapfer über Wasser.

Bald erreicht der Highway die Continental Divide, die Wasserscheide des amerikanischen Kontinents. Sie trennt Flüsse, die durch den Golf von Mexiko in den Atlantik fließen, von jenen, die dem Pazifik zuströmen. Mit 2425 Metern ist der als «Dach der Nation» bezeichnete Höhenzug der höchste Punkt auf der gesamten Strecke.

In Gallup spielt die *old road* wieder einmal selbstbewußt die Rolle der Hauptstraße, die sich meilenweit an den Schienen hinzieht. Nichts ist schöner, als hier im Zwielicht anzukommen, bei Sonnenuntergang, wenn der rote Abendhimmel mit den Neonreklamen am Strip das Finale «eines langen Tages Reise in die Nacht» beleuchtet.

Schon 1920 warb die Stadt mit dem Motto «The Heart of Indian Country». Gemeint war der damals aufblühende Handel mit den Kunsterzeugnissen der Indianer aus den umliegenden Reservaten. Als Gallup dann auch noch Schauplatz für eine ganze Reihe indianischer Festivals wurde, gab es für das lokale Marketing kein Halten mehr: Die «Welthauptstadt der Indianer» war geboren.

Nach wie vor findet der Besucher in Dutzenden von Kunstgewerbeläden eine große Auswahl an Teppichen, Keramik, Silber- und Türkisschmuck, in der Regel von guter Qualität und relativ preisgünstig. In den Tresoren der Händler, den sogenannten *vaults*, lagern beträchtliche Werte in Form kostbarer Schmuckstücke, die die Indianer aus Geldmangel verpfändet haben. Ab und an geraten solche Einzelstücke in den Verkauf.

Bei soviel Glanz wirken die Schattenseiten des «Welthauptstädtischen» um so ernüchternder: Nirgendwo liegt der Alkoholismus der Indianer offener zutage als in Gallup, wo es von Schnapsläden und Bars nur so wimmelt und Löhne und Sozialhilfen verflüssigt werden. In den Reservaten selbst ist der Verkauf von Alkohol zwar streng verboten, aber entlang der Straßen kann man den blinkenden Bierdosen und Flaschen ansehen, daß solche Verbote nichts nutzen. In der Woche zählt Gallup rund 20 000 Einwohner, am Wochenende das Doppelte.

WUNDERSAME STEINWELTEN: ARIZONA

Mehr noch als New Mexico sammelt Arizona am alten Highway touristische Pluspunkte: Die Nationalparks Painted Desert und Petrified Forest, der Meteor Crater und der nicht allzuweit entfernt gelegene Grand Canyon

Sonnenuntergang bei Seligman, Arizona. Hier beginnt das längste ununterbrochene Teilstück der Route 66, und die alte Streckenführung ist noch gut zu erkennen.

zählen zu den Highlights der Region. Das kuriose Zelt-Motel in Holbrook und das legendäre Country-Lokal «Museum Club» in Flagstaff sind weitere Attraktionen, die sich kein Route-66-Fan entgehen lassen sollte.

In Seligman trennt sich der Highway entschiedener denn je zuvor vom «Großen Bruder» Interstate und geht seinen eigenen Weg durch die Wüste. Westlich von Kingman tut er das gleich noch einmal und windet sich zum Sitgreaves Pass hinauf, einem steilen Grat, der in der Pionierzeit der Automobile oft nur im Rückwärtsgang bewältigt werden konnte. Die armen Kerle, die sich einst von Chicago bis hierher durchgeschlagen hatten, werden ihres Lebens kaum sonderlich froh geworden sein.

Fortsetzung Seite 60

SPURENSUCHE

Auf der Route 66 durch Indian Country

Zu den eindrucksvollsten Erlebnissen einer USA-Reise gehören Begegnungen mit indianischer Kultur. Entlang der Route 66 kann man nicht nur beredte Zeugen ihrer Vergangenheit entdecken.

Ob aus Karl May-Romanen oder aus dem Kino: Wer kennt sie nicht, die wilden berittenen Rothäute auf dem Kriegspfad, die braven weißen Siedlern an den Kragen wollen? Als sie letztendlich selbst die Opfer wurden oder in Reservaten überlebten, erwachte langsam das touristische Interesse der Weißen. Zuerst machten die Eisenbahngesellschaften auf die Native Americans und ihre kunstgewerblichen Erzeugnisse neugierig. Bereits 1926, also im Geburtsjahr der Route 66, veröffentlichte die »Santa Fe Railroad« Kalender, deren romantisierte Indianerbildchen Naturverbundenheit und Freiheit als verlockende Alternativen zu den Städten des Ostens priesen. Sie warben für Ausflüge zu den Reservaten, die sogenannten »Indian Detours«. Indianisch gekleidete und eigens ausgebildete Fremdenführer begleiteten die Züge, die »Chief« oder »Navajo« hießen.

Das Auto setzte diese Tradition munter fort. Schicke Limousinen mit modisch gekleideten Damen kreuzten vor den Lehm-Pueblos am oberen Rio Grande auf, später dann ganze Greyhound-Busse, deren Werbeagentur verkündete, daß man »only by Highway 66« diesen »erstaunlichen ersten Amerikanern« begegnen könne.

Weder Straße noch Siedlungsmuster haben sich bekanntlich bis heute verändert. Von Anfang bis Ende bietet daher die Route 66 zahlreiche Berührungspunkte mit den heutigen Indianerkulturen der USA.

Gleich zu Beginn in Illinois deckt sich ihr Verlauf mit dem sogenannten »Pontiac Trail«, der uralten Verbindung zwischen Chicago und St. Louis, um wenig später auf die Tempelhügel von Cahokia zu stoßen. Die prähistorische Siedlung war Zentrum einer indianischen Mississippi-Kultur, die von 700 bis 1400 blühte. Bis zu 40 000 Menschen lebten hier und errichteten riesige Erdhügel (mounds), von denen heute noch 68 zu erkennen sind. Die größte dieser Plattformen, der Monks Mound, mißt an seiner Basis mehr als 55 000 Quadratmeter und erreicht in mehreren Stufen eine Höhe von über 100 Metern. Die blühende Mississippi-Kultur hatte sich im Lauf der Zeit bis in den Norden Floridas ausgebreitet. Die Gründe für ihr Verschwinden kurz vor Ankunft der europäischen Eroberer im 16. Jahrhundert sind bis heute ungeklärt.

Archäologisch am besten rekonstruiert und für den Route-66-Reisenden an vielen Orten gut erfaßbar ist die Pueblo-Kultur. Ihre Träger waren die Anasazi, was in der Sprache der Navajo-Indianer »die aus alter Zeit« bedeutet. Um 600 n. Chr. trafen sie am oberen Rio Grande ein und entwickelten später die für den Südwesten typische Lehmziegelarchitektur. Besonders gut erhaltene Ruinen findet man im Chaco Culture National Historical Park. Aus noch ungeklärten Gründen verließen die Anasazi gegen Ende des 13. Jahrhunderts ihr angestammtes Siedlungsgebiet und zogen nach Süden. Sie errichteten dort Siedlungen, die zum Teil noch heute von ihren Nachfahren bewohnt werden, darunter die Pueblos von Santo Domingo, Isleta, Laguna und Acoma. Die Lebensbedingungen in diesen Dörfern sind meist schlecht. In letzter Zeit werden jedoch verstärkt von den Indianern selbst Anstrengungen unternommen, durch den Verkauf von Kunsthandwerk ihre wirtschaftliche Lage zu verbessern und durch die Wiederbelebung von alten Zeremonien und Festen das Selbstwertgefühl zu erhöhen.

Gute Adresse für indianisches Kunsthandwerk: der »Arrowood Trading Post« in Catoosa, Oklahoma (oben). – Gemälde im Indian Pueblo Cultural Center in Albuquerque (Mitte links). – Beim Pow-Wow in Tulsa, Oklahoma (Mitte rechts). – Prähistorische Felsgravuren im Boca Negra Canyon bei Albuquerque (unten).

Sky City heißt der Pueblo von Acoma, New Mexico, der auf einem 125 Meter hohen Tafelberg gelegen ist. Er gehört zu den ältesten kontinuierlich bewohnten Dörfern Nordamerikas.

Schilderwald in Seligman, Arizona. Der kleine Ort fungierte früher als Trennlinie für die Zeitzonen Mountain- und Pacific Time.

ROUTE
66
MOTEL
EXXON
WELCOME TO SELIGMAN
BIRTH PLACE OF
HISTORIC ROUTE
TO
40
40
Seligman
Kingman
Los Angeles
Flagstaff

Oatman sieht genauso aus, wie man sich eine Westernstadt vorstellt: Viele falsche Fassaden und Gehsteige aus Planken gegen den Schlamm. Gewöhnlich trotten ein paar Maultiere über die Straße und bauen sich störrisch vor den Schwingtüren der Restaurants auf: *lunch time*. Das «Oatman Hotel» wurde als Hochzeitsnacht-Versteck von Clark Gable und Carole Lombard bekannt.

Es dauert nicht lange, bis man die Spuren bemerkt, die das Wasser des Colorado River im Tal hinterläßt. Vielleicht meinten ja die frühen Siedler angesichts der grünen Oasen am Fluß, das ersehnte Ziel endlich erreicht zu haben. Doch die dahinter aufragenden neuen Bergketten mußten schnell Zweifel aufkommen lassen.

Telefonmasten, Supermärkte, Autowerkstätten und gesichtslose Apartmentkomplexe prägen das Bild der Vorstädte von Los Angeles, wo die Zielgerade der Route 66 beginnt.

Gewissermaßen als Entschädigung versuchen hellgrüne Flußauen, Palo-Verde-Sträucher, zarte Smoketrees und andere flauschige Gewächse ein gefälliges Intermezzo zwischen das leblose Gestein zu zaubern, während sich bereits die zackigen Needles Mountains abzeichnen, die der Stadt ihren Namen gegeben haben.

Parallel zur Eisenbahnbrücke verläuft in der Höhe von Topock noch die alte Stahlbrücke, die früher die Route 66 trug und heute eine Pipeline über den von flitzenden Motorbötchen zerfurchten Fluß führt. «Welcome to California» bedeutet erst einmal «Stopp», denn die landwirtschaftlichen Inspektoren des «Golden State» wollen genau wissen, was die Autos so alles einschleppen.

GEISTERSTÄDTE UND GLITZERMETROPOLEN: KALIFORNIEN

Fern von seinem glamourösen Image gibt Kalifornien seinen Einstand einsam und knochentrocken: vom Colorado River über die stillen Wüstenpisten des Mojave National Preserve. Nur dann und wann begegnen einem Spuren menschlicher Existenz, No-Name-Orte wie Amboy, Goffs oder Essex zum Beispiel. Als der TV-Talkshow-Veteran Johnny Carson zum ersten Mal dieses Nest entdeckte, spendierte er den Leuten eine Relaisstation. Aus Mitleid. Fortan hatten die Essexer Fernsehanschluß und konnten Johnny's Show im Kanal von NBC verfolgen.

Zu guter Letzt stürzt der grandiose Cajon Pass ins Los Angeles Basin ab, das einst als irdisches Paradies gepriesen wurde, heute aber meist smogverhangen ist. Daß sich die rosigen Zeiten dort unten geändert und die Obstgärten und Orangenhaine am Fuße der San Gabriel Mountains in einen schier endlosen Korridor aus Immobilien und Shopping Malls verwandelt haben, bekommt der 66-Getreue bald zu spüren. Erst Pasadena macht dem Suburb-Alp ein Ende und entschädigt wohltuend für die visuellen Strapazen der letzten Stunden.

Im wuchernden Siedlungsbrei von Los Angeles bildet Pasadena einen immer noch unterschätzten Fixpunkt. Der Colorado Boulevard, Parcours der festlichen «Rosenparade» am Neujahrstag, ebnet den Weg nach Old Pasadena, wo das Leben in den Straßencafés, Kinos und Bars immer am Puls der Zeit liegt und Dutzende von italienischen, mexikanischen und japanischen Restaurants um die Gunst der hungrigen Gäste wetteifern.

Zum Dessert serviert das Routen-Menü die «Big Orange», und zwar bei der Fahrt über den Pasadena Freeway, eine immer noch beschaulich anmutende Autobahn, die 1940 mit Pomp und Jubel als «Highway of Tomorrow» eröffnet wurde. Ihr folgt der Sunset Boulevard, leider nicht dessen Glanzstück, sondern eine ziemlich ramponierte Kraut-und-Rüben-Strecke. Auch der Santa Monica Boulevard, die Zielgerade der Route 66, beginnt eher trostlos mit einem unansehnlichen Mix aus Telefonstangen und Service-Schuppen. Erst langsam kommt ein Hauch von Glanz ins Spiel: der Hollywood Cemetery mit seinen berühmten Toten und die Studios von «Paramount», «Technicolor» und «Warner Brothers». Und danach wird's richtig vornehm – der Name Beverly Hills spricht für sich selbst. Kurz vor der teuren Konsummeile des Rodeo Drive erhebt sich das Rathaus von Beverly Hills, ein Gebäude im pompösen Zuckerbäckerstil.

In Santa Monica schließlich, an der Ocean Avenue, ist alles vorbei: die Route 66, der Kontinent – und mit ihm die unvergeßlichen Eindrücke amerikanischer Alltagskultur, die man mit laufendem Motor gesammelt hat.

Schon im Januar genießen Spaziergänger am Strand von Santa Monica die ersten wärmenden Sonnenstrahlen.

Die attraktive Uferpromenade von Santa Monica ist ein buntes Fußgängerparadies mit originellen Geschäften, Cafés und Restaurants.

Luxushotels und schlanke Palmen säumen die Ocean Avenue in Santa Monica. Hier endet der alte Highway.

HOTEL
THE
EORGIAN
Landmark Hospitality
PARKING
CHINESE FOOD
CHINESE FOOD

Der Pier von Santa Monica ist der passende, kitschig-schöne Schlußpunkt für die «Straße der Sehnsucht».

CA
BOR
OATING

ROUTE 66: PLANEN · REISEN · GENIESSEN

INHALT

USA-Karte · Daten · Fakten · Zahlen	66
Übersichtskarte der Route 66	67
Auskunft	67
Maße und Zahlen auf einen Blick	68
Klima und Reisezeit	68
Anreise	69
Mit dem Mietwagen unterwegs	69
Übernachten	69
Feiertage, Feste und Veranstaltungen	69
Nostalgie zwischen zwei Buchdeckeln	70
Einkaufen und Souvenirs	70
Fanclubs für eine Straße	71
Sport	71
Sehenswerte Orte und Landschaften von Osten nach Westen	72
Stadtplan von Chicago	72
Erste Teilstreckenkarte der Route 66	73
Will Rogers	79
Zweite Teilstreckenkarte der Route 66	80
Der Oklahoma Land Run	81
Dritte Teilstreckenkarte der Route 66	83
Innenstadtplan von Los Angeles	85
Abstecher von der Route 66	86
Trails & Transport	88

Das berühmte Route-66-Symbol auf dem Highway in Arizona: Wer diesen Markierungen folgt, begibt sich auf eine Zeitreise der ganz besonderen Art.

DATEN · FAKTEN · ZAHLEN

Lage und Länge. Mit einer Gesamtlänge von 2249 Meilen (3598 Kilometern) zieht sich die Route 66 vom Ufer des Michigansees bis zur kalifornischen Pazifikküste. Sie beginnt am Jackson Boulevard in Chicago und endet am Santa Monica Pier bei Los Angeles. Südwestlich zunächst und dann in westlicher Richtung durchquert der legendäre Highway zwei Drittel des nordamerikanischen Kontinents und berührt dabei acht Bundesstaaten (Illinois, Missouri, Kansas, Oklahoma, Texas, New Mexico, Arizona und Kalifornien) und drei Zeitzonen.

Landschaftliche Gliederung. Die »Main Street of America« beginnt in den fruchtbaren Niederungen des Central Lowland und verläuft dann, unterbrochen vom Ozark Plateau, durch die endlosen Grasprärien der Great Plains mit ihrem südlichen Zipfel, dem Tafelland der Llano Estacado. In Höhe des Pecos River klettert sie über die Rocky Mountains und zieht sich anschließend am Südrand des Colorado Plateaus entlang. Bei Flagstaff trifft die Route 66 auf sattgrüne Pinienwälder, überquert dann die steinerne Barriere der Black Mountains und den Colorado River, um schließlich nach ihrer letzten Etappe, der knochentrockenen Mojave-Wüste, vom Cajon Pass ins Los Angeles Basin abzufallen.

Tier- und Pflanzenwelt. Die Flora entlang der Route gliedert sich in vier Zonen. Im Osten dominieren ausgedehntes Farmland und Laubwälder, gefolgt von der vielfältigen Grasvegetation der Prärien *(tall grass prairie, short grass prairie)*, den typischen Wüstenpflanzen (Krüppelkiefern, Hartlaubsträucher, Dornbüsche und Kakteen) und den Nadelwäldern in den Hochlagen des Südwestens.

Auch die Fauna weist große Unterschiede auf: Im Farmland Illinois überwiegen Nutztiere wie Geflügel, Schafe, Schweine und Milchkühe. Die Flüsse und Seen von Missouri wimmeln von Barschen und Forellen, in den Wäldern tummeln sich Wild und Truthähne. Auf den Ranches von Oklahoma werden Büffel, Rinder, Pferde und Strauße gezüchtet, während Fasane und Wachteln frei umherlaufen. Im texanischen Panhandle fühlen sich Erdmännchen und Gürteltiere wohl, und an die extremen klimatischen Bedingungen in den Wüstenregionen haben sich Roadrunner, Klapperschlangen, Kojoten und zierliche Echsen angepaßt. Wer die Route 66 im Winter bereist, kann mit etwas

Nur selten wird die Einsamkeit auf der alten Straße durch das Hupen entgegenkommender Lastzüge gestört.

Glück vor der kalifornischen Küste Grauwale beobachten, die von Norden in die warmen Gewässer Mexikos ziehen, um dort ihre Jungen zur Welt zu bringen.

Wirtschaft. Das sogenannte *agribusiness* – Landwirtschaft auf hochtechnologisiertem Niveau – begleitet die Route 66 als treuer Gefährte: angefangen mit den Mais- und Alfalfa-Feldern von Illinois über die Schweinezuchtfarmen von Missouri, die Rinder- und Geflügelhöfe von Oklahoma und Texas bis hin zu den künstlich bewässerten Obstplantagen Südkaliforniens.

Teilstücke der Strecke. Auch vor Ort ist die *Route 66 Association* bei der Klärung sämtlicher touristischer Fragen behilflich; sie unterhält Büros in allen Mother-Road-Bundesstaaten: *Route 66 Association of Illinois*, 1202 Eastholme, Bloomington, IL 61701, Tel. 309/8282925; *Route 66 Association of Missouri*, 12775 Old 66 Boulevard, Carthage, MO 64836, Tel. 417/3587742; *Kansas Historic Route 66 Association*, P.O. Box 160, Riverton, KS 66770, Tel. 316/8483330; *Oklahoma Route 66 Association,* P.O. Box 21382, Oklahoma City, OK 74834, Tel. 405/2580008; *Old Route 66 Association of*

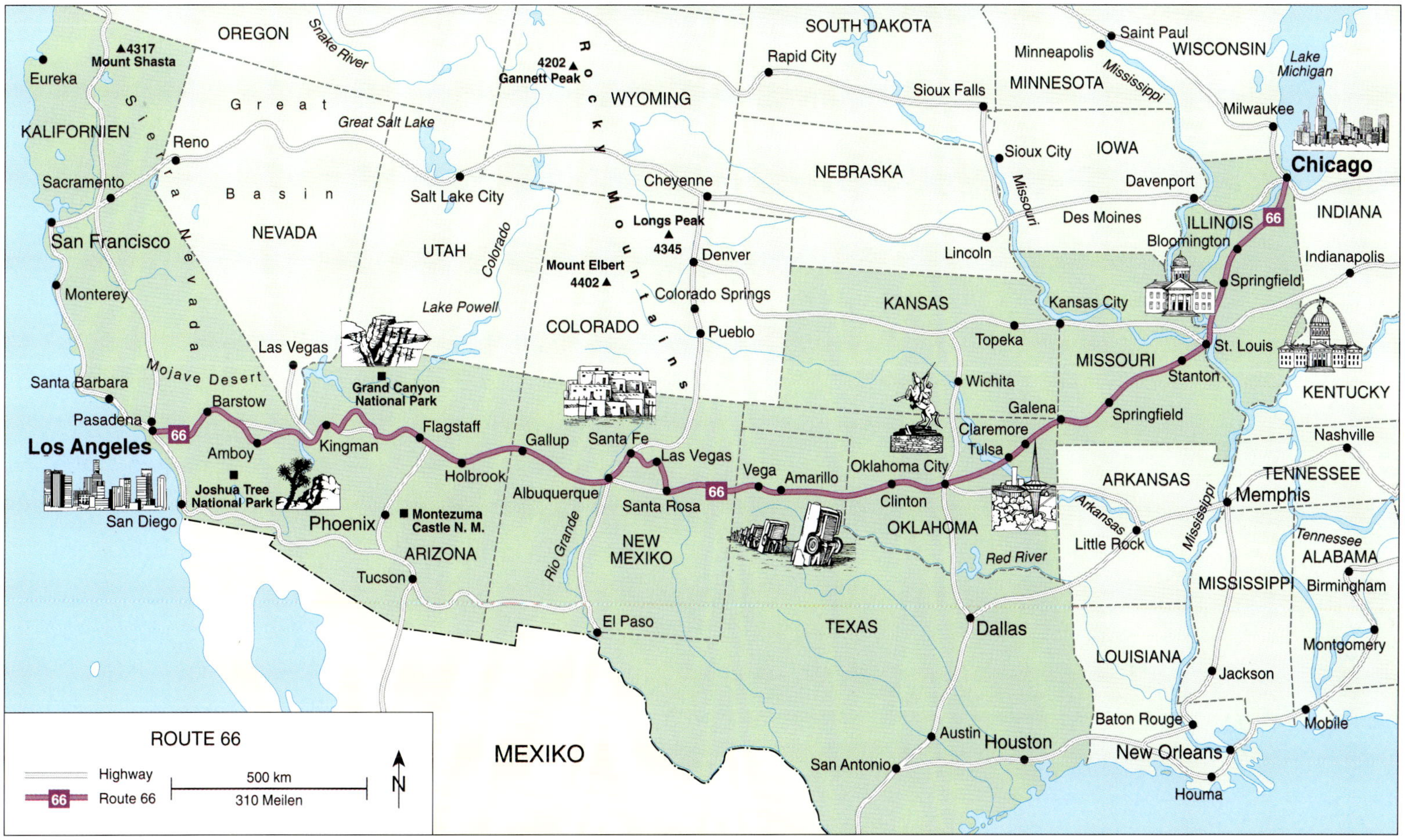

Die «Hauptstraße Amerikas» beginnt in Chicago und führt durch die Hochebenen, Berge, Wüsten und Canyons von acht Bundesstaaten, bevor sie 2448 Meilen später am Strand des Pazifik endet.

Zwischendurch sorgen vor allem die großen Metropolen für wirtschaftliche Diversifizierung. Chicago ist ein Zentrum der Stahlindustrie und des Maschinenbaus, daneben spielen der Handel und das Finanzwesen eine wichtige Rolle. St. Louis lebt von der Auto-, Raumfahrt- und Luftverkehrsindustrie, aber auch von der Tierfutter- und Bierherstellung. In Tulsa sind vor allem Firmen für Computer- und Raumfahrttechnologie ansässig; außerdem gilt die Stadt als eine der Top-Adressen für die Petrochemie. Oklahoma setzt auf Erdöl, eine weitere wichtige Erwerbsquelle ist die Holz- und Papierverarbeitung. Albuquerque steht für Raumfahrt-, Nuklear- und Computertechnologie, die Mojave-Wüste für hochgerüstete Militär- und Solartechnik, Los Angeles schließlich für High-Tech-Forschung und eine weltweit führende Medienindustrie.

Mehr und mehr zählt auch der Tourismus zu den ernstzunehmenden Wirtschaftsfaktoren des Südwestens, vor allem in New Mexico und Arizona. Südkalifornien lockt außerdem mit seiner Freizeitpark-Industrie. So nimmt zum Beispiel Disneyland mit jährlich 15 Millionen Besuchern die Führungsrolle unter den US-Themenparks ein. Auch die Universal Studios in Hollywood bringen es auf beachtliche Besucherzahlen.

AUSKUNFT

Wer sich besonders gut vorbereiten will, sollte rechtzeitig vor Beginn der Reise Kontakt mit der *National Route 66 Association* aufnehmen. Ihre ehrenamtlichen Mitarbeiter sind bei der Tourenplanung behilflich und versorgen «Routies» in aller Welt mit aktuellen Infos, etwa über derzeit geschlossene

Texas, P.O. Box 66, McLean, TX 79057, Tel. 806/2672719; *New Mexico Route 66 Association*, 1415 Central NE, Albuquerque, NM 87106, Tel. 505/2982809; *Historic Route 66 Association of Arizona*, P.O. Box 66, Kingman, AZ 86402, Tel. 520/7535001; *California Historic Route 66 Association*, 2117 Foothill Boulevard, Suite 66, La Verne, CA 91750, Tel. 310/9979817.

Mitglieder des ADAC, des schweizerischen oder österreichischen Automobilclubs sollten sich möglichst gleich in Chicago die «TourBooks» der *American Automobile Association (AAA)* zu den auf der Route liegenden Bundesstaaten besorgen, die es bei Vorlage des eigenen Mitgliedsausweises kostenlos gibt. In den *AAA*-Büros erhält man auch exzellente Straßenkarten. Man findet die Büros in allen Großstädten, die Adressen im örtlichen Telefonbuch.

WAS ZÄHLT IN DEN USA:

Maße und Zahlen auf einen Blick

Zeit

Die Route 66 durchquert drei Zeitzonen: Central Time (MEZ minus 7 Stunden), Mountain Time (MEZ minus 8 Stunden) und Pacific Time (MEZ minus 9 Stunden).

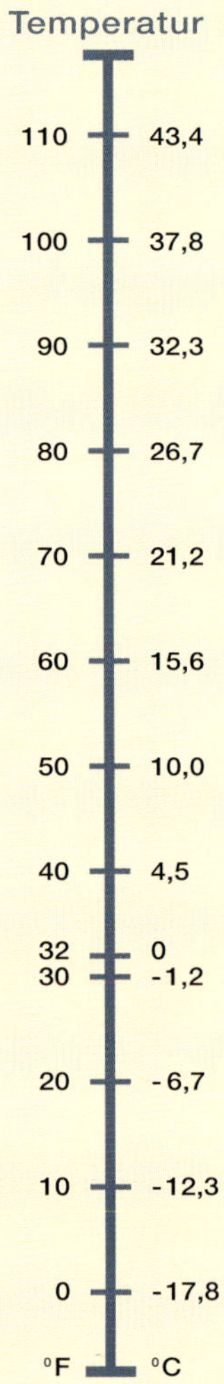

Maße

1 inch = 2,5 Zentimeter	1 pint = ca. 0,5 Liter
1 foot = ca. 30 Zentimeter	1 quart = ca. 0,95 Liter
1 yard = ca. 91 Zentimeter	1 gallon (Benzin) = ca. 3,8 Liter
1 mile = ca. 1,6 Kilometer	1 pound = ca. 450 Gramm

In den USA werden die Maße auf das metrische System umgestellt, derzeit sind beide Systeme in Gebrauch.

Elektrizität

Die Netzspannung beträgt überall in den USA 110 Volt; deutsche Stecker passen nicht, man braucht einen Adapter.

Geld

Ein Dollar hat 100 Cent. Münzen gibt es zu 1 Cent, 5 Cent (Nickel), 10 Cent (Dime), 25 Cent (Quarter) und 50 Cent (Half Dollar). Sämtliche Dollarnoten sind gleich groß und grüngrau, also leicht verwechselbar.

Kleidergrößen

Anzüge	US	36	38	40	42	44	46	48		
	D	46	48	50	52	54	56	58		
Hemden	US	14	14,5	15	15,5	16	16,5	17	17,5	18
	D	36	37	38	39	40	41	42	43	44
Kleider	US	28	30	32	34	36	38	40	42	
	D	36	38	40	42	44	46	48	50	
Schuhe	US	5,5	6	7	7,5	8,5	9	9,5	11	12,5
	D	36	37	38	39	40	41	42	44	46

Telefonieren

Telefonnummern in den USA bestehen aus einem dreistelligen *Area Code* und einer siebenstelligen Rufnummer. Für internationale Gespräche wählt man die Kennzahl des Landes (01149 für Deutschland, 01143 für Österreich, 01141 für die Schweiz). Nicht immer kann man direkt wählen, oft muß der Operator vermitteln (0 wählen).

Klima

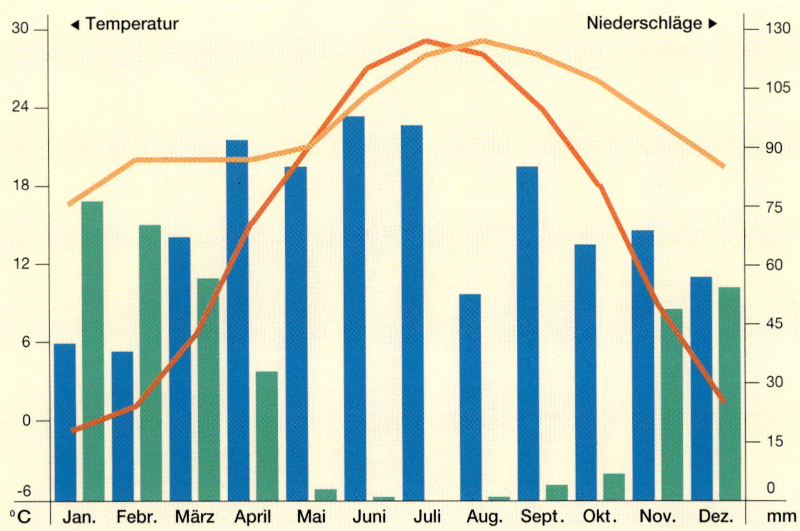

Durchschnittl. Tageshöchsttemperaturen (°C): Chicago, Los Angeles
Durchschnittliche Niederschläge (mm): Chicago, Los Angeles

KLIMA UND REISEZEIT

Die Route 66 ist ganzjährig befahrbar. Als beste Reisezeit gelten die Monate April/Mai und September/Oktober. Im Frühjahr, wenn die Temperaturen und das Touristenaufkommen in der Regel noch erträglich sind, stehen in den Wüsten die Kakteen in Blüte. Im Sommer locken zwar die Badestrände am Pazifik, aber die extreme Hitze stellt trotz allgegenwärtiger *air conditioning* bisweilen hohe Anforderungen an den mitteleuropäisch konditionierten Kreislauf. Die ruhige Zeit des Herbstes beginnt mit dem *Labor Day* Anfang September, wenn nur noch wenige

Die glutheiße Landschaft des Wüstenstaats Arizona erscheint auf den ersten Blick öde und lebensfeindlich. Es gibt jedoch eine Vielzahl von Pflanzen und Tieren, die sich erstaunlich gut auf ihre unwirtliche Umgebung eingestellt haben. Unbeeindruckt von der sengenden Hitze ragen die mächtigen Stämme von Kakteen und Yuccas aus dem sandigen Boden.

Touristen unterwegs sind, Licht und Sicht klarer werden und das Herbstlaub seine Farbenpracht entfaltet. Der Winter sorgt in den Höhenlagen von New Mexico und Arizona für Regen und Schnee, in Südkalifornien indessen für beste Lichtverhältnisse und zumeist angenehme Temperaturen. Ein Nachteil: Nicht nur die Tage, auch die Öffnungszeiten der Museen werden kürzer.

ANREISE

Wer, wie die meisten, dem Verlauf der Route 66 von Ost nach West folgt, der benötigt einen Gabelflug: hin nach Chicago (O'Hare International Airport) und zurück von Los Angeles (International Airport LAX). Nonstop-Flüge von Europa nach Chicago dauern etwa sieben Stunden; der Zeitunterschied zur MEZ beträgt sieben Stunden. Über preiswerte Holiday- und andere Sondertarife sowie Charterflüge informieren die Reisebüros. Während des Fluges hat man Gelegenheit, das Einreise- und Zollformular auszufüllen. Dabei ist es wichtig, eine konkrete Adresse in den USA anzugeben, etwa die Anschrift eines Hotels in Chicago. Vor der Gepäckausgabe wartet der *immigration officer*, der Beamte der Einwanderungsbehörde, der sich nach Zweck und Dauer der Reise erkundigt und daraufhin die Aufenthaltsdauer festsetzt. Er erkundigt sich auch schon mal nach dem Rückflugticket und der finanziellen Ausstattung.

Vom Flughafenausgang fahren die Pendelbusse der Autovermieter regelmäßig kostenlos zum Mietbüro. Wer ohne eigenes Auto in die Stadt möchte, hat mehrere Möglichkeiten: Der *Continental Airport Express* verkehrt im Fünf-Minuten-Takt zwischen dem Flughafen und den wichtigsten Hotels der Innenstadt. Die Fahrkartenschalter befinden sich an den Gepäckabholzentren. Preisgünstiger ist die *Rapid Transit Line* der CTA (Chicago Transit Authority). Ihre Züge verkehren rund um die Uhr zwischen dem Terminal 3 und der Haltestelle Dearborn Street in der Innenstadt.

Der Rückflug von Los Angeles dauert nonstop etwa zwölf Stunden. Der Zeitunterschied zur MEZ beträgt neun Stunden. Obwohl der Flughafen zu den geschäftigsten der Welt gehört, sorgt das in aller Regel nicht für Probleme, da man vom Büro der Autovermietung mit dem Shuttle Bus direkt zum Terminal gebracht wird. Man sollte etwa zwei Stunden vor Abflug auf dem Flughafengelände sein, falls sich bei der Rückgabe des Wagens unvorhergesehene Schwierigkeiten einstellen.

Bevor die Route 66 sich ihren Weg durch das Land bahnte, erschlossen die Züge der Santa Fe Railroad Company den amerikanischen Südwesten.

MIT DEM MIETWAGEN UNTERWEGS

Zum Mieten eines Wagens genügt der nationale Führerschein, das Mindestalter des Fahrers beträgt 21 Jahre. Ist der Fahrer jünger als 25, verlangen viele Firmen eine zusätzliche Gebühr. Obwohl es in allen größeren Städten (vor allem in Flughäfen und Hotels) Mietwagenfirmen gibt, empfiehlt es sich dringend, den Wagen schon zu Hause zu buchen: Die Angebote sind generell günstiger, und zudem sind fast immer Haftpflicht- und die (in den USA teure) Vollkaskoversicherung sowie eine unbegrenzte Meilenzahl im Preis inbegriffen. Achtung: Viele Firmen berechnen einen Aufpreis («Drop-off-Charge»), wenn man den Wagen nicht am Ausgangspunkt abgibt. Ein Staatenwechsel innerhalb der USA ist problemlos; wer allerdings mit seinem Mietwagen nach Mexiko oder Kanada fahren möchte, braucht dazu eine schriftliche Genehmigung der Verleihfirma.

Wenn Sie nicht – wie üblich – mit Kreditkarte bezahlen, müssen Sie auf jeden Fall eine größere Geldsumme als Kaution hinterlegen. Bei der Übernahme des Wagens sollte man sich kurz einweisen lassen. Das Straßennetz ist meist sehr gut ausgebaut und klar beschildert, es gibt Interstate Highways (Autobahnen), US-Highways (Fernstraßen) und State Highways (Landstraßen). Die Verkehrsregeln entsprechen weitgehend den europäischen; auffälligster Unterschied: Das Rechtsabbiegen an roten Ampeln ist erlaubt. Die Höchstgeschwindigkeit beträgt innerhalb von Ortschaften 30 Meilen (48 km/h) pro Stunde. Das generelle Tempolimit von 55 Meilen (89 km/h) auf State Highways wurde 1995 aufgehoben; je nach der individuellen bundesstaatlichen Regelung sind nun bis zu 75 Meilen (121 km/h) erlaubt. Insgesamt ist das Autofahren in den USA sehr viel angenehmer und entspannter als in Europa.

ÜBERNACHTEN

Wie überhaupt in den USA stehen auch die Hotels und Motels entlang der Route 66 in der Regel in einem ausgewogenen Preis-Leistungs-Verhältnis. Zumindest für den Ankunftstag in Chicago empfiehlt sich eine Hotelreservierung von Europa aus. Vor Ort sollte man für die Zimmerreservierung stets die gebührenfreie 800er-Nummer nutzen, über die die größeren Hotels und Motelketten durchweg verfügen. Anzuraten ist dies besonders in der Hauptreisezeit von Juni bis August und an Feiertagen. Bei der Hotelreservierung ist eine Kreditkartennummer eigentlich unerläßlich. Wird eine Reservierung ohne Kreditkarte akzeptiert, muß man bis spätestens 18 Uhr einchecken. Bei der kurzfristigen Zimmersuche sind die örtlichen *Visitors Bureaus* behilflich.

Die ausgewiesenen Preise gelten jeweils für ein Doppelzimmer. Einzelzimmer sind nur unwesentlich billiger, während man für ein zusätzliches Bett nur wenig zuzahlen muß. Die überwiegende Zahl der Zimmer sind inzwischen sogenannte *non smoking rooms.*

FEIERTAGE, FESTE UND VERANSTALTUNGEN

Als offizielle Feiertage gelten in den USA New Year's Day (1. Januar), Martin Luther King jr. Day (dritter Montag im Januar), President's Day (dritter Montag im Februar), Memorial Day (letzter Montag im Mai), Independence Day (4. Juli), Labor Day (erster Montag im September), Columbus Day (zweiter Montag im Oktober), Veteran's Day (11. November), Thanksgiving Day (vierter Donnerstag im November) und Christmas (25. Dezember).

Besondere Veranstaltungen entlang der Route 66 erweitern den amerikanischen Festkalender, hier eine Auswahl:

Am Neujahrstag startet in Pasadena die farbenfrohe *Rose Parade* über den Colorado Boulevard, während Mitte Januar in Oklahoma City das *International Finals Rodeo* auf dem Programm steht. Im April ist in Oatman (Arizona) der *Historic Route 66 of Arizona Association Fun Run* angesagt, eine Auto-Show, zu der die Fans aus allen

Landesteilen herbeiströmen. Ende Mai findet in Elk City (Oklahoma) ein *Rodeo* statt, an dem nur Quarter Horses teilnehmen, die Lieblingspferde der Cowboys. Im Juni dreht sich in Bloomington (Illinois) beim *Treffen der Corvette-Fahrer* wieder alles um die Route 66. Im selben Monat feiern die Indianer ihr großes *Red Earth Festival* in Oklahoma City; außerdem geht hier das Rodeo der *Stockyard Stampede* über die Bühne. Auch in Gallup trifft man sich zum *Rodeo* im Red Rock State Park. In Chandler (Oklahoma) versammeln sich alle mobilen Fans zur *Route 66 Celebration.* Auf der Freilichtbühne im Palo Duro Canyon bei Amarillo wird das Musical *«Texas»* aufgeführt. Das herausragende Ereignis im Juli ist die Präsentation hispanischen Kunsthandwerks auf dem *Spanish Market* in Santa Fe. Mitte August steht Tulsa im Zeichen des *Greenwood Jazz Festival.* Auf dem *Indian Market* in Santa Fe bieten die Indianer der umliegenden Pueblos ihre kunsthandwerklichen Erzeugnisse zum Verkauf an. Zu den sehenswertesten indianischen Festen gehören der eindrucksvolle *Maistanz* im Santo Domingo Pueblo und das *Inter-Tribal Indian Ceremonial* im Red Rock State Park bei Gallup. Das *Rodeo* im Will Rogers Memorial Rodeo Stadium in Vinita (Oklahoma) beschließt die Veranstaltungen des Monats. Den September dominiert die *Fiesta* in Santa Fe; den Oktober die *International Balloon Fiesta* in Albuquerque, bei der sich bunte Heißluftballons am Himmel tummeln. In den November fällt die *World Championship Quarter Horse Show* in Oklahoma City, die wichtigste Ausstellung für Quarter Horses. Im Dezember kann man noch einmal in Amarillo im Rahmen der Livestock Auction ein zünftiges *Rodeo* miterleben.

1

2

NOSTALGIE ZWISCHEN ZWEI BUCHDECKELN

1946 veröffentlichte Jack D. Rittenhouse in Los Angeles «A Guide Book to Highway 66», den ersten einschlägigen Route-66-Reiseführer. Diese Bibel für unzählige Motoristen trug zur Popularisierung der Straße bei. In einem später verfaßten Vorwort entschuldigte sich der Autor für einige Fehler, die ihm offenbar aus Begeisterung für die Landschaften entlang der Strecke unterlaufen waren, so zum Beispiel für die Schreibweise «Rio Grande River». Originalton Rittenhouse: «Wir druckten 3000 Exemplare und verkauften sie für einen Dollar pro Stück im Direktversand mit der Post an Buchhandlungen, Kioske, Cafés und Tourist Courts – kein Mensch nannte sie damals Motels – entlang der Route 66.» Bis heute wird das Büchlein von der University of New Mexico Press in Albuquerque nachgedruckt, aber ganz bewußt nicht aktualisiert: Ein Reiseführer, in dem die Zeit stehengeblieben ist und der gerade dadurch seinem Thema auf besonders originelle Weise gerecht wird.

EINKAUFEN UND SOUVENIRS

In der Regel sind die Geschäfte von 9 bis 17 Uhr geöffnet, in den großen Einkaufszentren auch sonntags und abends bis 21 Uhr. Trotz des gestiegenen Dollarkurses haben die USA als Einkaufsparadies nichts an Attraktivität verloren. Kleidung – insbesondere Sport- und Freizeitbekleidung –, Reisezubehör und Elektrogeräte sind oft preiswerter als hierzulande.

Auch entlang der Route 66 bietet sich immer wieder Gelegenheit, der Kauflust zu frönen. Einkaufszentren, die kaum einen Wunsch unerfüllt lassen, sind das berühmte Kaufhaus «Marshall Field's & Co.» und die «Gurnee Mills Outlet Mall» in *Chicago*, das «St. Louis Center» in *St. Louis* und die «50 Penn Mall» in *Oklahoma City*. Ein

3

4

1 Lehmziegelbauten prägen das Bild der Old Town von Albuquerque.

2 Eine Fundgrube für Souvenirjäger: der «Indian Village Trading Post» in Lupton, Arizona.

3 Liebhaber von indianischem Kunsthandwerk werden in Gallup, New Mexico, garantiert fündig.

4 In Shirley, Illinois, verkauft die deutsche Einwanderer-Familie Funk schon seit Generationen ihren köstlichen Ahornsirup.

5 Im Wrigley Field Baseball Stadion bestreiten die berühmten «Chicago Cubs» ihre Heimspiele.

FANCLUBS FÜR EINE STRASSE

Seit den achtziger Jahren regt sich in den USA landesweit Interesse für den alten Highway. 1983 wurde die erste «Historic Route 66 Association» gegründet, die Reisende über die Route 66 informiert und Teilstücke der vergessenen Straße pflegt. Nach und nach entstanden solche Vereinigungen in allen Mother-Road-Bundesstaaten. Sie finanzieren sich durch Mitgliedsbeiträge, Spenden und den Verkauf von Souvenirs. Ihre Mitarbeiter sind zum größten Teil engagierte Privatleute. Zum harten Kern dieser Route-66-Fans, den sogenannten *aficionados*, gehören Angel Delgadillo in Seligman, Michael Wallis in Tulsa und Bob Lundy in Rancho Cucamonga. Sie haben zwar, wie die Straße selbst, inzwischen das Rentenalter erreicht, aber das tut ihrer Begeisterung für die *memory lane* keinen Abbruch. Wer heute über die Route 66 fährt, bekommt zumindest eine Leistung der Associations zu sehen: die neuen Straßenschilder, die dem Autofahrer die Orientierung wesentlich erleichtern.

nahezu unerschöpfliches Angebot lockt in *Los Angeles:* An der Melrose Avenue in *Hollywood* zum Beispiel reihen sich Galerien und Szene-Boutiquen; auf der attraktiven 3rd Street Promenade in *Santa Monica* kann man in schicken Modegeschäften und Buchhandlungen herumstöbern; der Ocean Front Walk im nahe gelegenen *Venice* gleicht einem Open-Air-Bazar mit Trend-Accessoires und Schnäppchen.
Eine Fundgrube für Westernkleidung sind die Läden der Stockyards City in *Oklahoma City.* Anspruchsvolle Mode und Accessoires findet man in *Chicago* auf der berühmten Magnificent Mile, in *Tulsa* am Utica Square, in *Santa Fe* rund um die Plaza sowie auf der Guadalupe Street. Auch Old Town und Allan Street in *Pasadena* können modisch mithalten, ganz zu schweigen vom exklusiven Rodeo Drive in *Beverly Hills.*
Wer sich für Kunsthandwerk interessiert, sollte sich an zumindest drei Orten umsehen: in *Santa Fe* rund um die Plaza und in der Canyon Road, in *Albuquerque* in der Old Town und in *Gallup* in der Innenstadt. Das Sortiment reicht von hispanischen Webarbeiten, Holzplastiken und religiöser Kunst bis zu indianischem Schmuck, Teppichen, Keramik und Kachina-Puppen.
Der nostalgische Charakter der Route 66 spiegelt sich nicht zuletzt in der großen Anzahl von Antiquitätenläden. In fast jedem kleinen Ort entlang der Strecke trägt inzwischen ein Souvenirladen zur Vermarktung des legendären Highways bei. Zu den besten Adressen für Route-66-Memorabilien gehören der Stadtteil Bricktown in *Oklahoma City* und der Old Jacinto District im texanischen *Amarillo.*

SPORT

Wandern und Reiten. Den *Palo Duro Canyon* bei Amarillo erschließen zahlreiche Wander- und Reitwege, auch ein Pferdeverleih ist vorhanden. Ganz in der Nähe von Williams (Arizona) beginnt der *Bill Williams Mountains Trail*, ein landschaftlich reizvoller Waldwanderweg mit schönen Aussichten. In *Hollywood* und *Malibu* gibt es eine Reihe von Reitställen, von denen man zu Touren durch die Santa Monica Mountains starten kann. Geruhsame Wanderwege und herrliche Rundblicke auf die Santa Monica Bay bietet der *Will Rogers State Historic Park* in Pacific Palisades bei Los Angeles.

Wassersport. Der *Lake Michigan* eignet sich hervorragend zum Schwimmen, Surfen und Segeln. Auf dem *Meramec River* in Missouri kann man Kanutouren machen. Im *Blue Hole City Park* in Santa Rosa (New Mexico) sprudelt ein artesischer Brunnen und füllt einen etwa 30 Meter tiefen, fischreichen Pool mit kristallklarem Quellwasser: ein Paradies für Schwimmer, Angler und Taucher. Auch der nahe gelegene *Park Lake* bietet Gelegenheit zum Baden.

5

Skifahren. Die einzigen Skigebiete, die von der Route 66 nicht allzuweit entfernt liegen, sind das weitläufige *Taos Ski Valley* in den Sangre de Cristo Mountains nördlich von Santa Fe und die Pisten rund um den *Big Bear Lake* in den San Bernardino Mountains bei Los Angeles.

Zuschauersport. Baseball, Football und Basketball machen die drei beliebtesten Mannschaftssportarten in den USA aus. Bei den meisten Spielen werden nicht nur sportliche Spitzenleistungen geboten, sondern auch die Gelegenheit, amerikanische Alltagsgewohnheiten kennenzulernen. Wer sich für den Nationalsport Baseball begeistert, ist bei den «Chicago Cubs» und den «Los Angeles Dodgers» gut aufgehoben; begeisterte Football-Fans sollten sich ein Spiel der «Chicago Bears» oder der «Los Angeles Rams» ansehen. Berühmte Basketball-Mannschaften sind die «Chicago Bulls» und die «Los Angeles Lakers».

SEHENSWERTE ORTE UND LANDSCHAFTEN VON OSTEN NACH WESTEN

Ziffern im Kreis verweisen auf die Teilstreckenkarten auf den Seiten 73, 80 und 83, kursive Seitenzahlen am Ende eines Abschnitts auf Abbildungen. Die einzelnen Bundesstaaten werden wie folgt abgekürzt: AZ = Arizona, CA = California, IL = Illinois, KS = Kansas, MO = Missouri, NM = New Mexico, OK = Oklahoma, TX = Texas.

Chicago ①, (IL). Atemberaubende Ausblicke bieten der gigantische *Sears Tower* (233 S. Wacker Drive) und das *John Hancock Center* (875 N. Michigan Avenue), mit 343 Metern der zweithöchste Wolkenkratzer der Stadt. Die *Water Tower Pumping Station* (800 N. Michigan Avenue) gehört zu den wenigen Gebäuden, die den großen Brand von 1871 überdauerten. Das *Chicago Architecture Foundation Center* (224 S. Michigan Avenue) vermittelt den Beitrag Chicagos zur amerikanischen Architektur und veranstaltet sachkundige Führungen. Zu den führenden Museen der Stadt zählen das *Art Institute of Chicago* am Beginn der Route 66 (111 S. Michigan Avenue) mit bedeutenden Werken der europäischen und asiatischen Kunst vom 13. Jahrhundert bis heute sowie das *Field Museum of Natural History* (S. Lake Shore Drive) mit seiner ausgezeichneten naturgeschichtlichen Sammlung. Fans des Architekten Frank Lloyd Wright werden sich auf das *Robie House* (5757 Woodlawn Avenue) im Vorort Hyde Park stürzen. Die im Jahr 1906 errichtete Villa markiert den Höhepunkt des sogenannten Prärie-Stils. *4/5, 16, 17, 18/19, 71, 72, 72/73*

Wilmington ②, (IL). Das No-Name-Nest wartet mit einer berühmten Foto-Attraktion auf: dem riesigen Astronauten des *Launching Pad Drive-In* (810 E. Baltimore Street). Werbefiguren dieser Art gehörten schon früh zum festen Inventar am Straßenrand der Route 66 – sie sollten die Neugier der Vorbeifahrenden wecken und sie zum Verweilen und Geldausgeben verleiten.

Shirley ③, (IL). Hier wird der beliebte *Funk's Grove Pure Maple Sirup* verkauft. Die deutschstämmige Familie Funk begann bereits im 19. Jahrhundert mit der Herstellung des süßen Saftes, und seither hat die Nachfrage nie nachgelassen. Zur Zeit sollen jährlich um die 3000 Eimer in den Ahornbäumen hängen – immer noch nicht genug. »Sirup sold out«, steht denn auch meistens angeschlagen. Verkauf jeweils bis Juni bzw. solange der Vorrat reicht. *70*

McLean ④, (IL). Seit seiner Eröffnung im Jahr 1928 war das *Dixie Truckers Home* (400 Dixie Road) nur einen Tag lang geschlossen – eine unverzichtbare Lunch-Adresse für den Route-66-Reisenden. Seit 1990 mit im Haus: die *Dixie and Route 66 Association of Illinois Hall of Fame* mit vielen einschlägigen Memorabilien. *72*

Springfield ⑤, (IL). Die Hauptstadt von Illinois ist eng mit dem Namen des US-Präsidenten Abraham Lincoln verbunden. Sein Wohnhaus, die *Lincoln Home National Historic Site* (413 S. 8th Street), gehört seit 1887 zu den führenden Touristenattraktionen des Landes. Im Visitor Center bekommt man einen kostenlosen Plan für den Rundgang. Im nahen Oak Ridge Cemetery liegt auch das mit einem Obelisken geschmückte Familiengrab. Route-66-Freunde finden in Springfield weiterhin die *Cozy Dog Drive-In & Supply Co.* (2935 S. 6th Street), bei der seit 1949 ein schmusendes Wurstpärchen für Hot Dogs und vergleichbare Snacks wirbt. Im Hinterzimmer hat sich das *Route 66 & Cozy Dog Museum* eingenistet. *20*

1

2

3

Litchfield ⑥, (IL). Gut erhalten und voll funktionstüchtig steht hier das altehrwürdige *Ariston Café*, ein Oldie aus dem Jahr 1931. Litchfield, eine alte Bergarbeitersiedlung, ist insofern in die Annalen von Illinois eingegangen, als hier in den achtziger Jahren des vorigen Jahrhunderts erstmals nach Erdöl gebohrt wurde. *26*

4

1 Nicht nur für Fernfahrer ein Pflicht-Stopp: das «Dixie Trucker Home» in McLean, Illinois.

2 Das National Museum of Transport in St. Louis dokumentiert zwei Jahrhunderte Verkehrsgeschichte.

3 Hochbahngleise im Loop, dem Stadtzentrum von Chicago.

4 Das Hochhaus 333 West Wacker Drive am Ufer des Chicago River.

5 Erste Teilstrecke der Route 66; weitere Teilstrecken auf den Seiten 80 und 83.

6 Old Courthouse und Gateway Arch in St. Louis.

St. Louis ⑦, (MO). Touristenattraktion Nummer eins ist der *Jefferson National Expansion Memorial Park* (11 N. Fourth Street/Memorial Drive), eine Gedenkstätte zu Ehren von Thomas Jefferson und seiner Go-West-Vision, die den 1965 von Eero Saarinen erbauten *Gateway Arch*, das unterirdische *Museum of Westward Expansion* und das *Old Courthouse* umfaßt. Das *Saint Louis Art Museum* (1 Fine Arts Drive im Forest Park) war 1879 das erste öffentlich gegründete Museum in den USA. Während der Weltausstellung von 1904 wurde es im «Fine Art Palace» untergebracht, einem klassizistischen Sandsteinbau von Cass Gilbert, der wie ein modernes Parthenon auf dem Hügel thront. Den Schwerpunkt der Sammlung bilden Werke der klassischen Moderne und der zeitgenössischen Kunst, darunter viele Arbeiten von Max Beckmann, der zuletzt in St. Louis lebte und viele seiner Gemälde dem Museum vermacht hat. Zu den Highlights im stadtgeschichtlichen *St. Louis History Museum* (Lindell Boulevard und DeBaliviere Avenue im Forest Park) gehören die Ausstellung «Ragtime to Rock'n'Roll: St. Louis African American Music» und die Dokumente des Rekordpiloten Charles Lindbergh. Im *Scott Joplin House* (2658 Delmar Boulevard), von 1900 bis 1903 Wohnhaus des berühmten Pianisten, ist heute ein Musikmuseum untergebracht. Ein mechanisches Klavier läßt hier O-Synkopen des «King of Ragtime» und Schöpfers des «Maple Leaf Rag» erklingen. Zum touristischen Pflichtprogramm gehört ein Besuch der *Anheuser-Busch Brewery* (13th und Lynch Street). In dieser größten Brauerei der Welt sprudelt die Quelle des berühmten «Bud» und «Michelob». Der Stadtteil *Soulard* (zwischen I-40, Broadway, Anheuser-Busch Brewery und McNair Avenue) ist berühmt für seinen bunten «Farmer's Market» und seine Blues-Kneipen. *Laclede's Landing* (am westlichen Mississippi-Ufer zwischen Eads und Martin Luther King Bridge) heißen die neun Straßenblocks eines restaurierten Lagerhausviertels mit originellen Boutiquen, Restaurants und Musikclubs. Ein besonderes

5

6

Glanzstück ist die *St. Louis Union Station* (1820 Market Street), 1894 von Theodore C. Link im Stil der Neoromanik errichtet. Anfang der achtziger Jahre wandelte man den Bahnhof in ein Shopping- und Convention Center um. Architektonisch hat auch das *Fox Theatre* (527 N. Grand Boulevard) einiges zu bieten, ein exotisch anmutender Bau mit 4500 Sitzplätzen im Inneren. Das «Fabulous Fox» eröffnete 1929 und galt als eines der prächtigsten Kinotheater von William Fox, dem Gründer der «20th Century-Fox»-Filmgesellschaft. Lange Zeit geschlossen, ging sein Vorhang 1982 wieder auf. Heute gastieren hier Entertainer aus Las Vegas, Rock- und Jazz-Bands, Broadway Shows und Musicals. *Ted Drewes Frozen Custard* (6726 Chippewa Street) hat seit 1929 nichts an Attraktivität eingebüßt. Auch Einheimische treffen sich hier nach Baseballspielen der «Cardinals» gern auf einen Milch-Shake. *20, 22/23, 72, 73, 74*

1 Ein Stück ursprüngliches Amerika: das «Wagon Wheel Motel» in Cuba, Missouri.

2 In St. Louis legt mehrmals täglich ein elegantes Casino-Schiff zu Fahrten über den Mississippi ab.

Stanton ⑧, (MO). Etwas außerhalb der Ortschaft geht es hinab in die *Meramec Caverns*, die rund 37 Kilometer langen Gänge und fünfstöckigen Gewölbe einer Höhle, die 1933 wiederentdeckt und zwei Jahre später als Touristenattraktion vermarktet wurde. Den Höhepunkt der Underground-Tour bildet das Licht- und Formenspektakel des «Stage Curtain», eines bizarren steinernen «Bühnenvorhangs». *32, 33*

Cuba ⑨, (MO). Das *Wagon Wheel Motel* (901 E. Washington Street) aus den dreißiger Jahren wird das Herz eines jeden Route-66-Fans höher schlagen lassen: Es ist hervorragend erhalten und ein ursprüngliches Stück Amerika. Auch andere Oldies leben munter fort: das *Eat 66 Café*, der *66 Pizza Express* und die *Route 66 Lounge. 74*

Lebanon ⑩, (MO). Der Ort wimmelt von Gebrauchtwagenläden, deren Besitzer früher Pferdehändler waren und den Wechsel der PS-Größen einfach mitvollzogen haben. Was liegt in Amerika näher, als daraus einen Werbeslogan zu machen? Lebanon, Missouri: die «Used Car Capitol of the World». Das *Munger Moss Motel* (Business Loop I-44 E.) ist ein Klassiker der Route-66-Hotellerie.

Halltown ⑪, (MO). Eine wahre Fundgrube für Souvenirjäger ist die *Whitehall Mercantile.* Seit 1900 bemüht man sich hier um den Brückenschlag zwischen Gestern und Heute. Dazu trägt nicht nur der Verkauf von Souvenirartikeln bei, sondern vor allem die Redseligkeit der Besitzer, die viel von den alten Zeiten zu erzählen haben.

Galena ⑫, (KS). Im alten Bahnhof ist heute das *Galena Mining & Historical Museum* (319 W. 7th Street) untergebracht. Es birgt viele Schätze aus den glorreichen Tagen der Stadt. Außer Steinen, Mineralien, Werkzeug und Bergarbeiterfotos gibt es auch eine Kuriosität zu bewundern: einen alten Leichenwagen, wie man ihn aus vielen Westernfilmen kennt.

3 Hinter der prächtigen Fassade des Coleman Theater in Miami, Oklahoma, verbirgt sich ein nostalgischer Filmpalast.

Miami ⑬, (OK). Das *Coleman Theatre* (103 N. Main Street) war zu Beginn eine Vaudeville-Bühne und später (1929) ein Kino im Stil des «Spanish Colonial Revival», ausgestattet mit Damast, Blattgold, Bleiverglasung, Mahagoni und einer prächtigen Wurlitzerorgel. Will Rogers und Tom Mix

«Real home cooking by the girls of Oklahoma», echte Hausmannskost von den Mädels aus Oklahoma, verspricht die Speisekarte des «Frontier Café» in Truxton, Arizona.

Bei «Route 66 Antiques» in Landergin, Texas, gibt es nicht nur Road-Food, sondern auch Sammlerstücke für den Wohnzimmerschrank.

zählten zu den Gaststars. 1983 nahm sich der Denkmalschutz des Palasts an; er wurde umfassend restauriert und 1989 von der Coleman-Familie der Stadt übergeben. *74*

Foyil ⑭, (OK). Ganz in der Nähe entführt der *Totem Pole Park* ins Reich der Phantasie. Ein Ensemble bunt bemalter Totempfähle ziert das frühere Anwesen des fleißigen Volkskünstlers Ed Galloway. Im Rentenalter sammelte er Holz, vor allem Geigen, und stapelte sie in seinem «Fiedelhaus». Auf der Wiese draußen vor der Tür verarbeitete er alles, was ihm unter die Hände kam, zu einem Denkmal für die Indianer. *28/29, 79*

Claremore ⑮, (OK). Im *Will Rogers Memorial* (1720 W. Will Rogers Boulevard) gibt es Erinnerungsstücke und Dokumente des 1879 hier geborenen Schauspielers (siehe unten) zu sehen. Ein reichhaltiges Archiv hält Aufzeichnungen seiner Filme und Radiosendungen bereit.

Tulsa ⑯, (OK). Gleich bei der Einfahrt in die Stadt grüßt der *Metro Diner* (3001 E. 11th Street), ein schicker, neonstrahlender Bau aus den fünfziger Jahren. Das *Philbrook Museum of Art* (2727 S. Rockford Road) gilt als schönstes Museum Oklahomas. Es ist in der eleganten Villa des Ölmagnaten Waite Phillips untergebracht, die

WILL ROGERS: NATIONALHELD VON OKLAHOMA

In Oklahoma ist so ziemlich alles nach seinem berühmtesten Sohn benannt, dem Schauspieler und Entertainer Will Rogers. 1879 in Claremore geboren, wurde er in den späten zwanziger und frühen dreißiger Jahren als Cowboystar bekannt und trat mit Lasso-Tricks in Wild-West-Shows, Vaudeville-Varietés und Hollywood-Filmen auf. Zuletzt ernannte man ihn sogar in Beverly Hills zum Bürgermeister h.c. Der gewitzte Mann, der für viele Amerikaner den gesunden Menschenverstand verkörperte, war zu seiner Zeit an Popularität höchstens mit Teddy «Cowboy» Roosevelt, Buffalo Bill oder Daniel Boone vergleichbar. Auf der Route 66 hat er nicht nur jede Menge Spuren hinterlassen, sondern ihr streckenweise sogar seinen Namen gegeben. 1935 kam er bei einem Flugzeugabsturz in Alaska ums Leben.

inmitten von herrlichen Gartenanlagen liegt. Das Museum entfaltet seine Schätze auf drei Ebenen in intimen, wohlproportionierten Räumen, deren Einrichtung teilweise sogar auf die Bilder abgestimmt ist. Seine Sammlung reicht von italienischer Malerei des 14. bis frühen 16. Jahrhunderts über asiatische und afrikanische Kunst bis hin zu indianischen Töpfer- und Korbflechtarbeiten. In einer grünen Oase weitab von Downtown liegt auch das *Gilcrease Museum* (1400 Gilcrease Museum Road). Die Stiftung des Ölmagnaten Thomas Gilcrease, der stolz auf seine indianische Herkunft war, umfaßt eine der umfangreichsten Sammlungen amerikanischer Westernmalerei und indianischen Kunsthandwerks. Der elegante Art-déco-Bau der *Boston Avenue United Methodist Church* (1301 S. Boston Avenue) ist die erste Methodistenkirche, die im Stil einer Kathedrale errichtet wurde. Im *Elsing Museum* (8555 S. Lewis Avenue im University Village) erwarten den Mineralfreund Edelsteine, Fossilien und indianische Fundstücke. Der futuristische Campus der *Oral Roberts University* (7777 S. Lewis Avenue) wurde komplett aus Spendengeldern finanziert, die dem charismatischen Fernseh-Prediger Richard Roberts zuflossen. Die Studenten der Privatuniversität müssen in Schlips und Kragen zu den Vorlesungen erscheinen, sich einem rigiden Moralkodex unterwerfen und vor allem viel beten. Touristisches Highlight: der extravagante *Prayer Tower*. Hoch hinaus (25 Meter) will auch der *Golden Driller* (21st S. Pittsburgh Street), der einst als Galionsfigur der Internationalen Petroleum-Ausstellung in Tulsa diente.

Stroud ⑰, (OK). Das *Rock Café* (114 W. Main Street) zählt seit 1939 zu den verläßlichen Adressen an der Route 66 und erstrahlt seit einiger Zeit wieder im alten Glanz. Der ursprüngliche Besitzer, der für sein Haus unbedingt das Baumaterial des legendären Highway verwenden wollte, soll für jeden Stein fünf Dollar bezahlt haben.

Chandler ⑱, (OK). Liebevoll arrangiert das kleine *Museum of Pioneer History & Lincoln County* (717-719 Manvel Avenue) Typisches aus der Lokalgeschichte: von der Kutsche über die Sitzgarnituren alter Coffee Shops, Klaviere und Druckerpressen bis hin zum Baumwollgeschäft an der Route 66. Dokumentiert wird darüber hinaus auch die Geschichte der Indianer, der Longhorn-Züchter, der Baptisten und Cowboys.

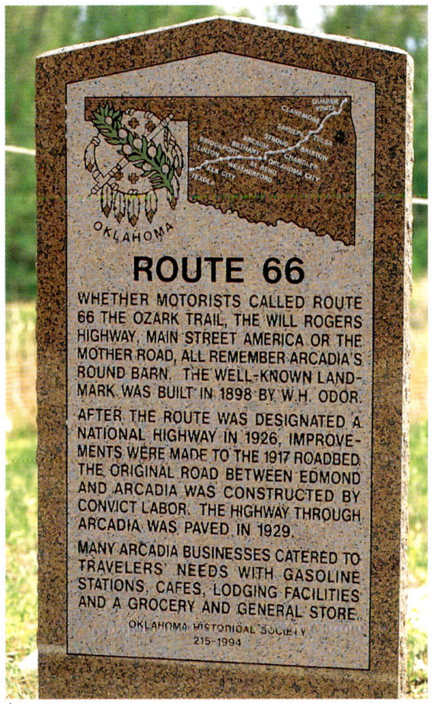

1

2

3

1 Daß historische Spurensicherung in den USA zur Zeit im Trend liegt, zeigt diese Gedenktafel in Arcadia, die über die Geschichte der Route 66 in Oklahoma informiert.

2 In der National Cowboy Hall of Fame in Oklahoma City erinnert ein Denkmal an den berüchtigten «Trail of Tears».

3 Reverenz an die Kultur der Indianer: der Totem Pole Park in Foyil, Oklahoma.

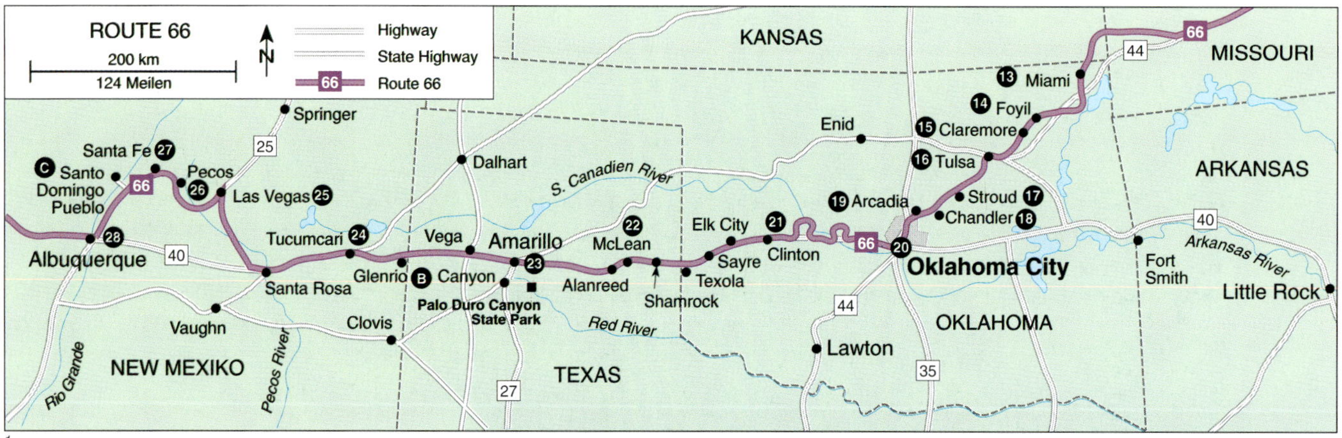

1

1 Zweite Teilstrecke der Route 66, die letzte folgt auf Seite 83.

2 Im Route 66 Museum in Clinton, Oklahoma, ist jedem Jahrzehnt in der Geschichte des Highway ein eigenes Zimmer gewidmet. Die Exponate sind dabei stets um ein Fahrzeug der entsprechenden Zeit gruppiert.

Arcadia ⑲, (OK). Die *Round Barn* von 1898 gehört zu den schönsten Wahrzeichen der Route 66 – vor allem, seit sie 1988 restauriert wurde. Inmitten von Nußbaumplantagen gelegen, wirkt die runde Holzscheune wie ein pastorales Pantheon. *32, 80*

Oklahoma City ⑳, (OK). Im Südwesten der Stadt lohnen die *Stockyards* einen Besuch – wegen der zünftigen Restaurants, der zahlreichen Western-Wear-Läden und dem derben Stallgeruch des Viehauftriebs.

2

3

Ästhetisch verfeinerter präsentieren sich die *Myriad Botanical Gardens* (Reno Avenue und Robinson Street), ein blühender Stadtpark mit See und Wasserfall. Kernstück der Anlage ist das *Crystal Bridge Tropical Conservatory*, ein sechsstöckiges Gewächshaus. Die *National Cowboy Hall of Fame* (1700 NE. 63rd Street) lockt jährlich Hunderttausende Pilger an, die in dieser Ruhmeshalle der Cowboys nostalgisch in einem wichtigen Stück Amerika schwelgen möchten. Das weitläufige Institut betreut eine vorzügliche Sammlung klassischer Westernmalerei. In der Galerie der Hollywood-Western-Veteranen paradieren altbekannte Stars, und auch den Rodeo-Cracks ist eine eigene Abteilung gewidmet. Besonders Kindern bereiten die «interpretative environments» viel Freude, Szenarien, in denen der Wilde Westen in Teilstücken nachgebaut ist. Der *Kirkpatrick Center Museum Complex* (2100 NE. 52nd Street) vereint mehrere Museen, ein Planetarium, Kunstgalerien, Gärten und Gewächshäuser. Das *Red Earth Indian Center* gewährt Einblicke in die Geschichte und Kunst der «Native Americans»; in der *International Photography Hall of Fame* sind Arbeiten namhafter Fotografen zu sehen; das *Air Space Museum* hat jede Menge Leckerbissen für Flugzeugfans auf Lager – von den Gebrüdern Wright bis zum Space Shuttle. Wer sich für die heimische Wohnkultur der Jahrhundertwende interessiert, der findet im *1889 Harn Homestead Museum* (313 NE. 16th Street) ein Bauernhaus, eine Scheune und eine Schule dieser Zeit auf anschauliche Weise vereint. *79, 80*

4

3 Unter dem State Capitol in Oklahoma City liegt eines der größten Erdölvorkommen des Staates.

4 Bei «Hillbillee's» in Arcadia, Oklahoma, treffen sich abends die «Locals» auf ein Glas Bier.

Clinton ㉑, (OK). Das *Oklahoma Route 66 Museum* (2229 W. Gary Boulevard) hat sich ganz der «original open road» verschrieben: Es zeigt Oldtimer, Zapfsäulen, einen nachgebauten Diner, historische Straßenkarten, einen gut gemachten Film und, als optischen Höhepunkt, einen «Okie»-Lastwagen mit Sack und Pack. Im *Pop Hicks Restaurant* (2223 Gary Boulevard) treffen sich wie eh und je die «local heroes». *24, 80*

McLean ㉒, (TX). Im *Devil's Rope Museum* (100 S. Kingsley Street) wartet eine eigenwillige Kollektion aus Zäunen, Drähten, Werkzeugen und Skulpturen aus Stacheldraht («Barbed Wire Art»). Schrullig wirkt ein nachgebauter Diner, der durch seine Besetzung mit Wachsfiguren stark an

DER OKLAHOMA LAND RUN

Wie der 46. Bundesstaat der USA entstand

Von allen amerikanischen Bundesstaaten hat Oklahoma die wohl ungewöhnlichste Gründungsgeschichte: Am 22. April 1889 stürzten auf einen Kanonenschuß hin Tausende von Siedlern im Land Run über die Grenzen und hatten binnen Stunden das ganze Land unter sich aufgeteilt.

Mit dem sogenannten «Louisiana Purchase» landeten die Vereinigten Staaten einen großen Coup: Für 15 Millionen Dollar sicherten sie sich die bis dahin französischen Besitzungen westlich des Mississippi, einen dicken Batzen Land, mit dem sie den Umfang ihres eigenen Territoriums mit einem Schlag verdoppelten.

Zur Neuerwerbung gehörte auch das Gebiet des heutigen Oklahoma, wo zu dieser Zeit schon seit 12 000 Jahren Indianer vom Landbau und von der Bisonjagd lebten, in jüngerer Vergangenheit (900 – 1450) die

Für Tausende von Indianern ein Leidensweg: der berühmt-berüchtigte «Trail of Tears» (Gemälde von Robert Lindreaux, Woolaroc Museum, Bantlesville, Oklahoma; oben). Vom Great Land Run erzählt der Film «In einem anderen Land» von 1992 (unten).

«Mound Builders», die durch Handelsbeziehungen untereinander verflochten waren. Das Land lag allerdings noch so weit ab vom Schuß, daß es für weiße Siedler nicht in Frage kam. Was also sprach dagegen, sich der lästigen Indianer im Südosten der USA zu entledigen und sie dorthin abzuschieben? Die Regierung erteilte allen Angloamerikanern Siedlungsverbot und erklärte das Land zum «Indian Territory».

Der «Indian Removal Act» (1830) schuf die gesetzliche Grundlage für die gewaltsame Deportation der «Five Civilized Tribes» (Cherokee, Choctaw, Chickasaw, Creek und Seminole) ins «Indian Territory». Der damalige US-Präsident Martin van Buren nahm kein Blatt vor den Mund: «Kein Staat kann es je zu Kultur, Zivilisation und friedlichen Entwicklungen bringen, solange man den Indianern erlaubt, dort zu bleiben, wo sie sind.» Auf dem berüchtigten «Trail of Tears» («Weg der Tränen») zogen 1838 rund 17 000 Indianer nach Westen, ein Viertel von ihnen starb auf dem langen Marsch an Hunger, Krankheiten und Gewalteinwirkung.

Das Versprechen, dieses Land von weißen Siedlern freizuhalten, wurde nicht lange eingehalten. Zunächst kaufte die Bundesregierung Teile des Landes von den Stämmen zurück (1866), dann brach sie einige Abkommen und beantwortete die Wut der Indianer mit militärischer Gewalt und dem Ausbau eines Fort-Systems. Durch die Ausrottung der Büffel entzog man ihnen die Lebensgrundlage. Bereits 1875 ging die indianische Ära von Oklahoma zu Ende. Die Grasprärie wurde frei für die Viehherden aus Texas, die das Land schon länger über verschiedene Trails kreuzten, um zu den Bahnstationen in Kansas zu gelangen.

Ein Jahr später war nur noch der östliche Teil des Gebiets «Indian Territory», der Rest hieß bereits «Oklahoma Territory» und befand sich fest in weißer Hand. Der letzte Versuch der Indianer, die endgültige Annexion zu verhindern und statt dessen einen eigenen Staat zu gründen, stieß im Kongreß auf taube Ohren. 1907 erklärte Präsident Theodore Roosevelt Oklahoma zum 46. Bundesstaat der USA.

Der Siedlungsdruck nahm zu und die Lage der Indianer wurde immer prekärer. Nach den Viehherden mußten sie auch die Eisenbahn passieren lassen. Holzindustrie und Bergbau zogen weiße Arbeitskräfte an.

Obwohl die Weißen bald in der Überzahl waren, besaßen sie dennoch weder Land noch Rechte. Dies änderte sich jedoch rasch, als die Regierung beschloß, ein Teil des Gebiets an Siedler zu verschenken. Um niemanden zu benachteiligen, wurde ein Tag festgelegt, an dem die Jagd auf das Ackerland beginnen sollte. Am 22. April 1889 fiel der Startschuß für das große Rennen, und Abertausende stürzten über die Grenzen von Kansas, um sich ihre Parzelle zu sichern. Bis zum Abend dieses Tages waren ganze Zeltstädte entstanden, darunter Guthrie und Oklahoma City.

Einige Siedler waren besonders schlau: Sie schlichen vor dem offiziellen Start über die Grenze und versteckten sich, um bessere Ausgangspositionen zu ergattern. «Sooners» nannte man sie später, die «Vorschnellen». Oklahoma trägt seither den Beinamen «The Sooner State» und ist damit der einzige Bundesstaat der USA, der sich mit einer Gesetzwidrigkeit brüstet.

Madame Tussaud's Londoner Kabinett erinnert. Mit im Haus befindet sich das *Texas Old Route 66 Exhibit Museum*.

Amarillo ㉓, (TX). Elf Kilometer westlich der Stadt ragt ein unverwechselbares Wahrzeichen der Route 66 aus dem Acker: die *Cadillac Ranch*, bestehend aus zehn kopfüber in die Erde gerammten Cadillacs mit unterschiedlichen Heckflossen. Das Monument wurde von dem Kunstsammler Stanley Marsh hier plaziert – als ein Symbol des amerikanischen Traums. *34, 35*

1

Tucumcari ㉔, (NM). Das *Blue Swallow Motel* (815 E. Tucumcari Boulevard) mit der hübschen blauen Neon-Schwalbe ist einer der vielen typischen »motor courts« aus den vierziger Jahren. Im *Tucumcari Historical Museum* (416 S. Adams Street) wartet ein Sammelsurium unterschiedlichster Dinge, die das Pionierleben veranschaulichen – darunter die Nachbildung einer Schwarzbrennerei aus der Prohibitionszeit. *25, 37*

Las Vegas ㉕, (NM). Das *Rough Riders Memorial and City Museum* (725 N. Grand Avenue) erinnert an das von Theodore Roosevelt aufgestellte freiwillige Kavalleriekorps, die sogenannten »Rough Riders«, und seine Rolle im amerikanisch-spanischen Krieg. Außerdem gibt es indianisches Kunsthandwerk und aufschlußreiche Dokumente zur Stadtgeschichte zu sehen. *82*

Pecos ㉖, (NM). Hier liegt der *Pecos National Historical Park* mit Überresten eines großen Pueblos aus dem 13. und 14. Jahrhundert und den mächtigen Mauerresten der Pecos Mission, die 1707 von Franziskanern erbaut wurde. Ein Trail windet sich durch die Ausgrabungen zur restaurierten Kiva (indianische Kultkammer) und zur Kirchenruine. Eine Ausstellung im Visitor Center informiert über die Bedeutung dieses ehemaligen Pueblos, der nicht zuletzt wegen seiner strategisch günstigen Lage zwischen dem fruchtbaren Rio Grande-Tal und den Büffel-Plains im Osten als ein Zentrum der Landwirtschaft und des Handels entstand. Um 1450 wurde die Siedlung zu einer fünfstöckigen Festung ausgebaut, um verschiedenen Indianerstämmen Schutz vor den nomadischen und oft kriegerischen Stämmen der südlichen Plains zu bieten.

Santa Fe ㉗, (NM). Die *San Miguel Mission* (401 Old Santa Fe Trail), ein dickwandiger Adobe-Bau, zählt zu den ältesten Kirchen des Landes. Turm und Westfassade aus dem 17. Jahrhundert wurden erneuert. Gleich gegenüber liegt das *Oldest House* (215 E. De Vargas Street), ein frühes Beispiel der für die Region typischen Lehmziegelbauweise (adobe). Der *Palace of the Governors* (Plaza) ist das älteste »Kapitol« der USA (1610) und beheimatet heute neben einem stadt- und landesgeschichtlichen Museum einen Museumsladen mit einer gutsortierten Buchabteilung zur Kultur des Südwestens. Die *Casa Sena* (125 E. Palace Avenue) bildet eine idyllische Oase mit plätscherndem Brunnen, Bänken und einem einladenden Patio-Restaurant. *41, 83*

Albuquerque ㉘, (NM). Hier haben sich einige Route-66-Oldtimer erhalten, etwa das *El Vado Motel* (Central Avenue) von 1937, die *Monte Vista Fire Station* (3201 Central Avenue), ein Eßlokal von 1936 im Pueblo-Revival-Stil, der *Route 66 Diner* (1405 Central Avenue) und das *KiMo Theatre* (423 Central Avenue) von 1927. Auf keinen Fall verpassen sollte man die *Old Town*, denn außer der schönen alten Kirche bietet der alte spanische Stadtkern eine reiche Auswahl an Restaurants, Bars und Shopping-Gelegenheiten. Das *Indian Pueblo Center* (2401 12th Street NW.) dokumentiert die Geschichte der 19 Pueblos in New Mexicos Norden. *34, 35, 36, 38/39, 41, 70, 78, 82*

2

3

4

Isleta ㉙, (NM). Der *Isleta Pueblo* südlich von Albuquerque war einmal der größte Pueblo am Rio Grande. Er wurde Anfang des 13. Jahrhunderts angelegt. In der Reservation liegt auch ein Erholungsgebiet für Camping, Picknick und Forellenfischen.

Grants ㉚, (NM). Uranfunde in den fünfziger Jahren veränderten das von der Landwirtschaft geprägte Grants auf einen Schlag und sicherten ihm sein Überleben. Im *New Mexico Museum of Mining* (100 N. Iron Street) dreht sich alles um das begehrte Erz. Autoroute verbindet die fossilen Welten dieses ehemaligen Wald- und Sumpfgebiets: szenische Ausblicke (darunter die *Painted Desert*, *The Teepees* und die *Blue Mesa*), Anasazi-Ruinen (*Puerco Indian Ruins* aus der Zeit vor 1400), Petroglyphen *(Newspaper Rock)*, bizarre Brücken *(Agate Bridge)* und zahlreiche Wanderwege. *82/83*

Holbrook ㉝, (AZ). Im *Navajo County Historical Museum* (100 E. Arizona Street) sind Zeugnisse der indianischen Vorgeschichte und der Pionierzeit versammelt.

5

1 Straßenszene in Las Vegas, New Mexico.

2 Versteinerte Baumstämme im Petrified Forest National Park.

3 Die Kirche San Felipe de Neri in der Old Town von Albuquerque.

4 Lobby des «El Rancho Hotel» in Gallup, New Mexico.

5 Touristenträume vom Indianerleben: die Betonzelte des «Wigwam Motel» in Holbrook, Arizona.

6 Letzte Teilstrecke der Route 66.

7 Die warmen Erdtöne von Lehmziegeln prägen die meisten Bauten in Santa Fe.

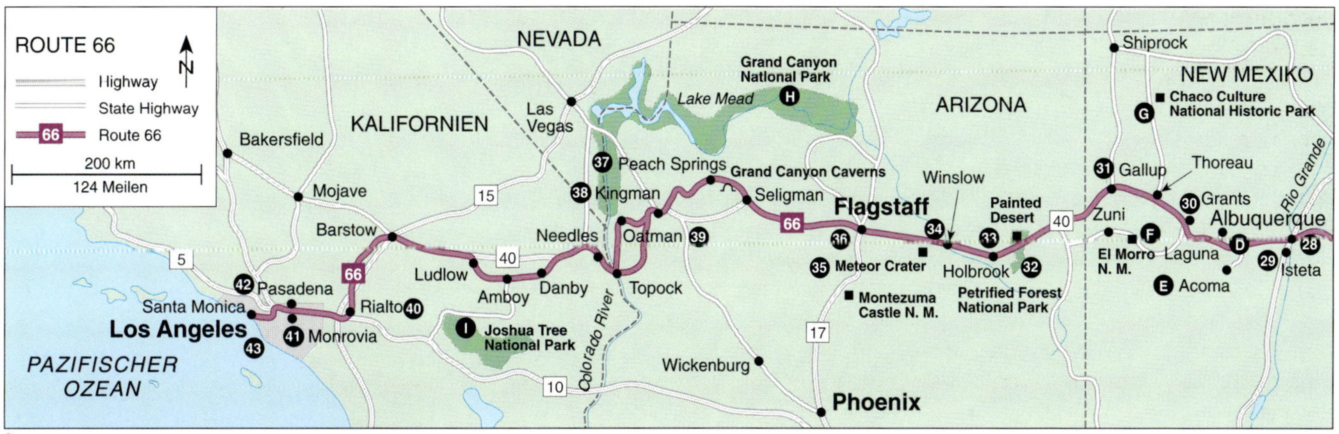

6

7

Gallup ㉛, (NM). Die hölzerne Herberge des *El Rancho Hotel* (1000 E. Highway 66) wurde 1937 eröffnet und avancierte bald zum Treffpunkt diverser Hollywood-Stars, die in der Umgebung von Gallup drehten. Erroll Flynn soll nach einem anstrengenden Drehtag einmal auf seinem Pferd in die Bar geritten sein. 1987 kaufte der reiche Geschäftsmann Armand Ortega den inzwischen abgewirtschafteten Bau und stellte dessen rustikalen Charme wieder her. *36, 70, 82*

Petrified Forest National Park ㉜, (AZ). Am Nordeingang informiert das Painted Desert Visitor Center, am Südeingang das Rainbow Forest Museum über Geologie und Geschichte. Eine 43 Kilometer lange

Die Zementzelte des *Wigwam Motel* (811 W. Hopi Drive) wurden als Touristenattraktion 1950 eröffnet und 1988 renoviert. *83*

Winslow ㉞, (AZ). Das *Old Trails Museum* (212 N. Kinsley Avenue) ist ein instruktives kleines Museum, in dem man viel über die Geschichte dieser alten Eisenbahnstadt und der Route 66 erfährt. Aber auch Knochenreste von Urzeit-Monstern gibt es zu sehen, die im Little Colorado River gefunden wurden. Das im Stil einer Hacienda erbaute Fred-Harvey-Hotel am Bahnhof, »La Posada«, könnte einmal zu den architektonischen Schmuckstücken des Ortes zählen – wenn sich das nötige Geld für seine Restaurierung aufbringen läßt. *54, 92/93*

Meteor Crater ㉟, (AZ). Ein Millionen Tonnen schwerer Meteorit schlug hier vor etwa 50 000 Jahren ein und riß einen Krater mit einem Durchmesser von mehr als 1 Meile. Von einer Plattform am Kraterrand überblickt man das Gelände, das von der NASA zum Astronauten-Training genutzt wurde. Ein kleines Museum würdigt diese Tatsache (westlich von Winslow an der I-40).

Flagstaff ㊱, (AZ). Allein schon das klotzige Blockhaus von 1931 sorgt dafür, daß der *Museum Club* (3404 E. Route 66) nicht zu übersehen ist. Ursprünglich beherbergte er ein Museum für ausgestopfte Tiere und einen Trading Post. Mit wilden Tanzparties hat sich das Country-Lokal im Volksmund den Namen ›The Zoo‹ eingehandelt. *85*

Peach Springs ㊲, (AZ). In den *Grand Canyon Caverns*, 70 Meter unter der Erde, kann man drei Millionen Jahre alte Meeresfossilien bewundern. Am Höhleneingang werden die Besucher zur Einstimmung von einem riesigen Dinosaurier empfangen.

Kingman ㊳, (AZ). Das *Mohave Museum of History and Arts* (400 W. Beale Street) zeigt eine interessante Ausstellung zur Kultur und Geschichte der Region. Ein Teil der Sammlung ist dem Cowboy-Darsteller und Komiker Andy Devine gewidmet, der in den vierziger und fünfziger Jahren mit der TV-Serie ›Wild Bill Hickok‹ populär wurde.

Oatman ㊴, (AZ). Die ehemalige Minenstadt war lange eine verlassene ›ghost town‹. Heute kann es hier zuweilen recht munter zugehen, denn wenn nicht gerade Film-Teams zugegen sind, lockt die mit Souvenirs gespickte Hauptstraße scharenweise Touristen an, die sich in dieser Westernkulisse wohlfühlen. *45, 52/53, 84*

Rialto ㊵, (CA). Gemeinsam mit seinem Pendant in Holbrook gehört das *Wigwam Motel* (2728 W. Foothill Boulevard) zum festen Inventar der Route 66. Wie lange noch, ist allerdings fraglich, denn an großstädtisch geprägten Standorten (Rialto ist ein Vorort von Los Angeles) haben es die Oldtimer besonders schwer.

Monrovia ㊶, (CA). Das 1925 von Robert Stacy-Judd erbaute *Aztec Hotel* (311 W. Foothill Boulevard) ist ein Paradebeispiel für den dekorfreudigen präkolumbianischen Revival-Stil – vor allem, seit es im alten Glanz wiedererstanden ist.

1

2

3

1 In »Meteor City«, Arizona, war früher ein Museum mit 5000 Meteoriten untergebracht. Heute findet man hier ein großes Angebot an indianischen Waren.

2 Der Pershing Square mit seiner reichen tropischen Vegetation bildet den Mittelpunkt des Financial District von Los Angeles. In der Nachbarschaft ragen einige bemerkenswerte Wolkenkratzer in den Himmel.

3 Die Hauptstraße von Oatman, Arizona, gab schon häufig die Kulisse für Westernfilme ab.

Pasadena ㊷, (CA). Zu den architektonischen Leckerbissen der Stadt zählt das *Gamble House* (4 Westmoreland Place), es wurde 1908 von Charles und Henry Green erbaut und gilt als eines der schönsten Beispiele für den sogenannten Craftsman-California-Bungalow-Stil. Auch die Inneneinrichtung ist bemerkenswert gut erhalten: das polierte Teakholz, die Originalmöbel und die Tiffany-Verglasung. Die *Hotel Green Apartments* (99 S. Raymond Avenue) sind aus einem ehemaligen Prachthotel der Zeit um die Jahrhundertwende hervorgegangen und zeigen nach wie vor reichen ornamentalen Schmuck. Kenner halten die Sammlung des *Norton Simon Museum* (411 W. Colorado Boulevard) für weit bedeutender als die des berühmteren Getty-Museums. Sie

4

5

4 **Beliebte Flaniermeile: die Uferpromenade von Santa Monica.**

5 **Geheimtip für Country-Fans: der «Museum Club» in Flagstaff, Arizona.**

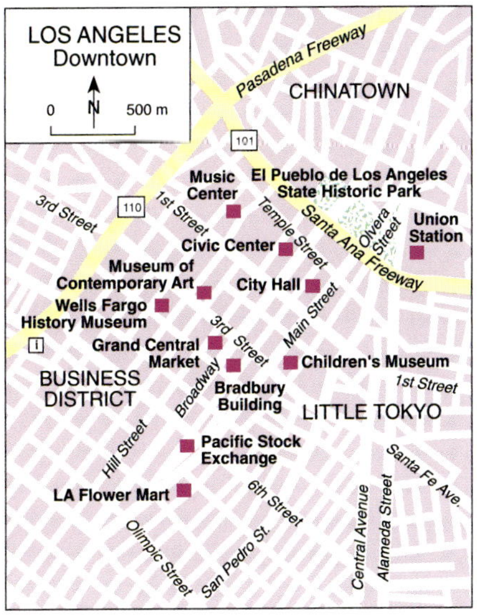

reicht von ostindischer und südostasiatischer Kunst bis hin zu deutschen Expressionisten. Das 1924 im traditionellen chinesischen Stil errichtete *Pacific Asia Museum* (46 N. Los Robles Avenue) beherbergt Kunstwerke aus dem asiatischen und pazifischen Raum. Die *Huntington Library Art Collections & Botanical Gardens* (1151 Oxford Road) im benachbarten San Marino besitzt nicht nur wertvolle Kunstwerke und Dokumente; ihre Parkanlagen, 1904 vom millionenschweren Stadtplaner und Straßenbahnbauer Henry E. Huntington angelegt, zählen zu den schönsten in den USA.

Los Angeles ㊸, (CA). Die Keimzelle der Stadt heißt heute *El Pueblo de Los Angeles State Historical Park* (Olvera Street). Der restaurierte spanische Gründungsbezirk besteht aus historischen Bauten, mexikanischen Restaurants und Kunstgewerbeläden. Sehenswert sind die alte Plazakirche, das Avila-Adobehaus, der ehemalige Gouverneurspalast Pico House, das Merced Theatre und der Backsteinbau des Old Plaza Firehouse. Die *Central Library* (630 W. 5th Street) ist in einem Bau untergebracht, von dem europäische Stadtbüchereien nur träumen können. 1922 bis 1926 aus byzantinischen, ägyptischen, römischen und Art-déco-Stilelementen eklektisch komponiert, wurde er inzwischen aufwendig renoviert und durch einen lichtdurchfluteten Neubautrakt erweitert. Unter den zahlreichen Museen der Westküstenmetropole ist das *Museum of Contemporary Art* (250 S. Grand Avenue) architektonisch sicher eines der originellsten: ein farbiger Sandsteinbau (1986) von Arata Isozaki mit mattweißen Oberlichtern über unterirdischen Ausstellungsräumen. Die ständige Sammlung zeigt Werke amerikanischer Künstler von 1940 bis heute. Das bedeutendste Kunstinstitut in Los Angeles ist anerkanntermaßen das *L. A. County Museum of Art* (5905 Wilshire Boulevard). Seine Sammlung reicht von der Antike bis zur Moderne. Die Kunst des 20. Jahrhunderts ist im neueren spektakulären Anderson-Flügel untergebracht. Gleich daneben liegt der *Japanese Pavilion* mit Bildern und Kalligraphien aus der Edo-Zeit, außerdem das *George C. Page Museum of La Brea Discoveries*, ein paläontologisches Museum mit Relikten aus den gegenüberliegenden Teergruben. In Hollywood gehört ein Bummel über den *Walk of Fame* zum touristischen Pflichtprogramm: In den vielleicht berühmtesten Bürgersteig der Welt sind rund 2000 Sterne für Berühmtheiten des Film- und Showbusiness eingelassen. Auf dem Vorplatz von *Mann's Chinese Theatre* (6925 Hollywood Boulevard) haben sich zahlreiche Stars mit Hand- und Schuhabdrücken verewigt. Am *Santa Monica Pier* endet die Route 66 und mit ihr der ganze Kontinent. Über der Brandung des Pazifik drehen sich hier ein schönes altes Karussell und ein neues Riesenrad. Aber kein Kalifornienbesuch wäre komplett, wenn man die beiden Top-Vergnügungsparks der Nation nicht gesehen hätte: den unerschöpflichen Kulissenzauber der *Universal Studios* (100 Universal City Plaza) und die perfekte Illusionsmaschine *Disneyland* (1313 S. Harbor Boulevard, Anaheim). *60, 61, 62/63, 64/65, 84/85, 85, 89*

1

2

3

ABSTECHER VON DER ROUTE 66

Buchstaben im Kreis verweisen auf die Teilstreckenkarten auf den Seiten 73, 80 und 83, kursive Seitenzahlen am Ende eines Abschnitts auf Abbildungen.

Cahokia Mounds Ⓐ, (IL). Die State Historic Site liegt nur eine Viertelstunde von Dowtown St. Louis entfernt auf der Illinois-Seite des Mississippi. Sie vermittelt eine Ahnung davon, wie die größte prähistorische Indianersiedlung nördlich von Mexiko einst ausgesehen hat. Bis zu 40 000 Menschen lebten hier und errichteten riesige pyramidenhafte Erdhügel (mounds), von denen heute noch 68 zu erkennen sind. Die Funde datieren aus der Zeit zwischen 700 und 1400. Das vorzügliche archäologische Museum dokumentiert die versunkene Kultur mit lebensgroßen Dioramen.

Canyon Ⓑ, (TX). Das *Panhandle-Plains Historical Museum* (2401 4th Avenue) zählt zu jenen verborgenen Schätzen, die man in der amerikanischen Provinz nie vermuten würde: In dem geräumigen Art-déco-Bau von 1933 wurde nicht nur eine ganze Westernstadt originalgetreu wiederaufgebaut, sondern auch andere Elemente der Besiedlung des Panhandle wie zum Beispiel ein Ölbohrturm. Weitere anschaulich präsentierte Themenbereiche sind die texanische Windradkultur und die Ölgewinnung; neben einem Defilee von Bohrrüsseln kann man das holz- und ledergetäfelte Büro eines Ölbarons bewundern. Die naturwissenschaftliche Abteilung versammelt Skelette und Zähne aus dem Pleistozän und ein Dinosauriergerippe, das einmal zu einem der gefährlichsten Fleischfresser der Jurassic-Park-Periode gehörte. Der nahe gelegene *Palo Duro Canyon* wird oft als »Grand Canyon of Texas« bezeichnet. Tatsächlich erwächst der zweitgrößte Canyon der USA aus dem Prairie Dog Town Arm des Red River. Neben einem Scenic Drive laden Wander- und Reitwege dazu ein, die einzigartige Naturlandschaft zu erkunden.

Santo Domingo Ⓒ, (NM). Südlich von Santa Fe am Highway 25 liegt der *Santo Domingo Pueblo*. Das Indianerdorf am Ostufer des Rio Grande ist nicht nur für hochwertiges Kunsthandwerk berühmt, sondern auch für seine Feste: den Ritualtanz am Dreikönigstag, den Erntetanz im März und den Maistanz Anfang August – der spektakulärste im Südwesten überhaupt mit Hunderten von Tänzern, Trommlern, Clowns und Sängern. Ein Schmuckstück, das man das ganze Jahr über bewundern kann, ist die Missionskirche von 1886. Von Besuchern erwartet man im Dorf Zurückhaltung; Fotografieren ist streng verboten.

Laguna Ⓓ, (NM). Der *Laguna Pueblo* besteht aus einer Reihe kleiner Gemeinden, in denen 6000 Pueblo-Indianer leben. Sehenswert sind die gut erhaltene Missionskirche *San José de Laguna* aus dem Jahr 1699 und die Patronatsfeste mit Tänzen. Auch hier darf nicht fotografiert werden.

Acoma Ⓔ, (NM). *Sky City* heißt der Pueblo von Acoma. Das Dorf auf dem monolithischen Tafelberg ist seit 1150 besiedelt und mit Stein- und Lehmziegelbauten besetzt, deren Stockwerke fotogene Holzleitern verbinden. Den architektonischen Höhepunkt bildet die mächtige *Mission San Esteban Rey* von 1629, von deren vorgelagertem Friedhof man einen herrlichen Blick auf die *Enchanted Mesa* gegenüber hat. *57*

El Morro National Monument Ⓕ, (NM). Wer in Grants die Route 66 verläßt und nach Süden abbiegt, verpaßt nicht allzuviel und macht statt dessen einen land-

1 Der Joshua Tree National Park gehört zu den aufregendsten Wüstenszenerien Kaliforniens. In den höher gelegenen Regionen ragen nackte Granitfelsen aus der kargen Landschaft, während im tiefer gelegenen Teil eher Sandwüste mit palmenbestandenen Oasen zu finden ist.

2 Westlich von Albuquerque liegt das El Morro National Monument, eine über 60 Meter hohe Sandsteinklippe, die von den Ruinen eines Pueblos bekrönt wird. Schon präkolumbische Völker ritzten in den Felsen Zeichen ein, und spanische Eroberer taten es ihnen nach.

3 Auch wer glaubt, schon alles gesehen zu haben, ist kaum auf den Grand Canyon vorbereitet. Seine atemberaubende Weite und Tiefe, die Schönheit seiner Formen und Farben lassen selbst den weitgereisten Besucher vor Ehrfurcht erstarren. Im Wechselspiel des Tageslichts und der Jahreszeiten bieten sich ständig neue Eindrücke, in denen die Grenzen zwischen Illusion und Wirklichkeit verfließen.

schaftlich reizvollen Umweg zum *El Morro*, einem historisch bedeutsamen Rastplatz. Vorüberziehende Spanier und Amerikaner haben im weichen Sandstein der Felsen ihre Namen hinterlassen. Die älteste europäische Inschrift stammt von Juan de Onate, dem ersten Kolonialherrn von New Mexico. Er rastete hier mit seinen Begleitern am 16. April 1605. Auch der Gouverneur Don Diego de Vargas hinterließ 1692 seine Signatur. Bevor man wieder nach Norden in Richtung Gallup fährt, sollte man einen Abstecher zum *Zuni Pueblo* machen. Das Indianerdorf galt als eine der sagenhaften «Sieben Städte von Cibola». Francisco Vasquez de Coronado war ihnen auf der Spur, weil er glaubte, sie seien aus Gold erbaut. Heute locken hier eine Missionskirche mit bedeutenden Wandmalereien und gute Einkaufsmöglichkeiten für Kunsthandwerk. *86*

Chaco Culture National Historical Park Ⓖ, (NM). Im Chaco Canyon nördlich von Thoreau findet man die eindrucksvollen Überreste einer Indianerkultur, die Archäologen als Anasazi bezeichnen. Die «Chacoan Culture» der Anasazi war vor etwa tausend Jahren in der Vierländerregion des Colorado Plateaus (Utah, Colorado, New Mexico und Arizona) am vergleichsweise weitesten entwickelt. Zu besichtigen sind die Ruinen einer Großsiedlung, die im Jahr 1000 einem prähistorischen Los Angeles geglichen haben muß. Ihr unbestrittener Höhepunkt ist der *Pueblo Bonito* – ein vierstöckiges Halbrund mit 600 Raumparzellen und 40 Kivas (Kultkammern). Zwischen 900 und 1200 Menschen sollen hier einmal gelebt haben. Im Besucherzentrum am Parkeingang kann man sich mit Karten und sonstigem Informationsmaterial versorgen. *43*

Grand Canyon National Park Ⓗ, (AZ). Flagstaff ist der ideale Ausgangspunkt für einen Abstecher zum Südrand des Canyon. Bei knapper Zeit liegt es nahe, sich dem kostenlosen Pendelbus entlang dem West Rim Drive anzuvertrauen oder zu wandern, und zwar auf dem weitgehend parallel verlaufenden *Rim Nature Trail* am Canyonrand entlang. Der Wanderweg zwischen *Hermit's Rest* im Westen und *Yavapai Point* im Osten zieht sich über rund 14 Kilometer. Aus ständig wechselnder Perspektive, über Wildblumen, bonsaiartige Pinon- und Juniperbäume hinweg streift der Blick über das von Auffaltungen und vulkanischen Eruptionen aufgewühlte Steinmeer, durchgeknetet und glattgeschliffen von Wasser und Wind, ausgesägt vom mächtigen Colorado River – zu einem Urloch, das Platz hat für vier verschiedene Vegetationszonen, angefangen mit der Wüste am Grund bis zum feuchten Koniferenwald in den Höhen. *86/87*

Joshua Tree National Park Ⓘ, (CA). Von der Geisterstadt Amboy bietet sich ein Ausflug zum Joshua Tree National Park an. Seine Besonderheit besteht darin, daß er durch die großen Höhenunterschiede an beiden typischen Wüstenformen Südkaliforniens teilhat – an der Colorado-Wüste im Süden und der Mojave-Wüste im Norden. Im Extrem schwankt die Höhe zwischen 400 und 1500 Metern. Bei der Anfahrt durchquert man zunächst das *Pinto Basin*, in dem Yuccas, Agaven, Smoketrees und Wildblumen wachsen. Weiter geht es zum *Jumbo Rock* und ins *Hidden Valley*, vorbei an riesigen Granit-Monolithen, die auf heftige Erdbewegungen schließen lassen und die heute zu Kletterpartien anregen. Alles überragend, erheben sich freilich mit viel Lamento die Joshua-Bäume. Sie sollen ihren Namen Mitte des 19. Jahrhunderts von den Mormonen-Pionieren erhalten haben, sei es, weil die Gestik ihrer Äste symbolisch zum Gebet zu rufen schien, oder weil die frommen Siedler glaubten, die Bäume wollten ihnen den Weg ins Gelobte Land weisen. *86*

TRAILS & TRANSPORT

Vor- und Nachfahren der Route 66

Von den Trails der Pioniere bis zu den modernen Interstate Highways – nichts symbolisiert Amerika mehr als seine Straßen. Die «unbegrenzten Möglichkeiten», die sie versprachen, waren für Amerikaner schon immer verführerisch.

In der Ur- und Frühphase der amerikanischen Verkehrsgeschichte schufen Indianer, Entdecker, Trapper, Pioniere und Eisenbahnkonstrukteure ein loses Netz aus Trails und anderen unbefestigten Wegen. Zu den ersten Landstraßen im europäischen Sinn gehörten der 62 Meilen lange «Philadelphia and Lancaster Turnpike», die «Boston Post Road» zwischen New York und Boston, die «Wilderness Road» durch Kentucky und die «Great Road», die Philadelphia mit der Mündung des Conestoga River in Pennsylvania verband.

Im Tal dieses Flusses wurde Ende des 18. Jahrhunderts der erste amerikanische Lastwagen gebaut, der von Pferden gezogene *Conestoga wagon.* Die frühen Siedler bevorzugten allerdings den beweglicheren *prairie schooner*, vor den man Ochsen und Maultiere spannte. Zum Fuhrpark der Pionierzeit gehörten außerdem die *carretas* der mexikanischen Händler – Karren mit zwei Rädern aus Holzscheiben, die seit der Zeit der Conquistadores im Einsatz waren – und die Handkarren der Mormonen. Um die Mitte des 19. Jahrhunderts nutzten viele Prärie-Ärzte den *buggie*, einen geländegängigen Pferdewagen. Die Post wurde mit Pferd und Kutsche *(stagecoach)* transportiert, zunächst von «Overland Mail», später dann von «Wells Fargo». Die Hauptlast des Personen- und Güterverkehrs übernahm schließlich die Eisenbahn.

Als erste transkontinentale Straße profitierte die Route 66 von ihren Vorläufern. Über weite Strecken folgt sie historischen Wegen: dem «Santa Fe-» und «Pecos Trail», dem «Camino Real», ja sogar dem einen oder anderen Rinder-Highway wie dem «Chisholm Trail». Er setzte sich aus mehreren staubigen Trampelpfaden zusammen, auf denen einst die Cowboys das Vieh aus Südtexas nach Kansas trieben.

Die wohl spektakulärste Weggemeinschaft kommt zwischen Las Vegas (New Mexico) und Santa Fe zustande, wo heute gleich fünf Verkehrsgenerationen nebeneinander herlaufen: der «Old Pecos Trail», der «Santa Fe Trail», die Eisenbahn, die Route 66 und der Interstate Highway 25.

Über den «Pecos Trail» wurden einst Viehherden aus Texas in die Bergbaustädte von Colorado getrieben, wo großer Fleischbedarf herrschte. Der berühmtere «Santa Fe Trail» entstand im selben Jahr, als sich Mexiko von Spanien löste, nämlich 1821. Zurecht gilt er daher als die erste «Hauptstraße» in den Westen der Vereinigten Staaten. Wie später der «Oregon Trail» wurde er bald nach seiner Entstehung zum Synonym für die Expansion der anglo-amerikanischen Kultur nach Westen.

Sein Pfadfinder hieß William Becknell, ein hochverschuldeter Kaufmann, der in Franklin (Missouri) aufbrach und sich 870 Meilen und 48 Tage durch den «Ozean aus Gras» quälte, um seine Waren in Santa Fe zum Verkauf anzubieten.

Mit der Fertigstellung der «Atchison, Topeka & Santa Fe Railroad» im Jahr 1879 verloren die Ochsentrails an Bedeutung, die Eisenbahn wurde ihrerseits durch die Route 66 ersetzt, und zuletzt degradierten die Interstate Highways die «Mother Road» zur untergeordneten Servicestraße. Der Mythos lebt jedoch weiter: Zwar wird der alte US-Highway wohl nie wieder zur «Hauptstraße Amerikas» werden, dafür ist er inzwischen ein beliebtes nostalgisches Reiseziel für Touristen aus aller Welt.

Lange vor der Erfindung des Automobils bahnten sich die Trecks der Pioniere ihren Weg durch das Land; später erschloß die Eisenbahn den Wilden Westen (oben und Mitte). – Bei Gallup, New Mexico, gehen die Route 66 und der Interstate Highway 40 eine Weggemeinschaft ein (unten).

Panorama eines Hochgebirges aus Glas, Stahl und Beton: Wie glitzernde Monolithen ragen die Wolkenkratzer von Downtown Los Angeles in den Nachthimmel.

Auf der langen Reise wird das Auto zu einem zweiten Zuhause. Es kann daher gar nicht großzügig genug bemessen sein.

GASOLINE
Bel Air
12
9
3

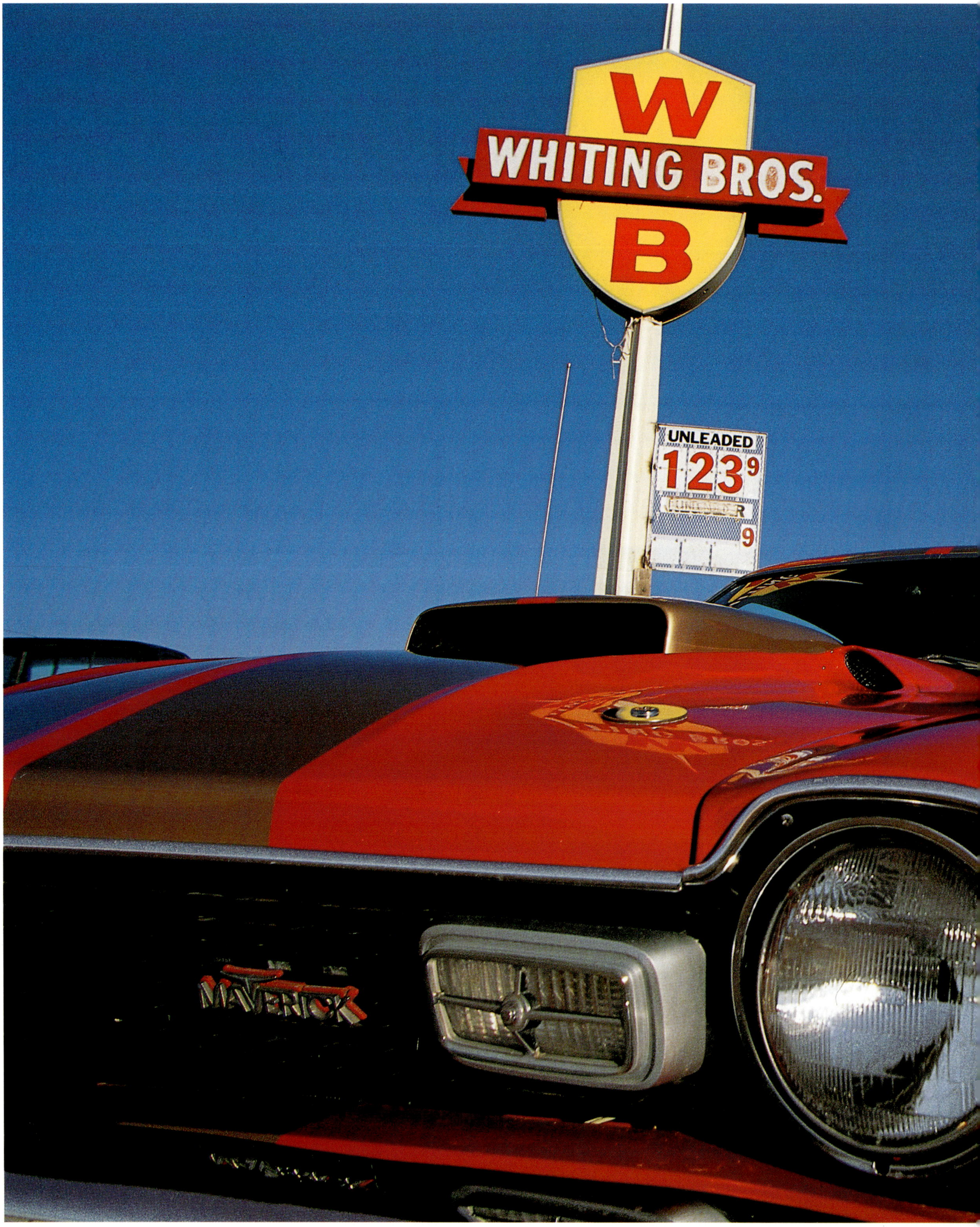

Erinnerungsfoto fürs Familienalbum: Jeder Amerikaner träumt davon, einmal im Leben die Route 66 zu befahren.

FEED & GRAIN

Mit der Harley-Davidson über den Highway: Authentischer kann das Erlebnis der Open Road nicht sein.

ZUR SCHNELLEN ORIENTIERUNG – STICHWORTVERZEICHNIS

Kursive Seitenzahlen verweisen auf Abbildungen.

Acoma (NM) 49, 56, *57*, 86
Albuquerque (NM) *34*, *35*, *36*, *38/39*, *41*, 49, 56, *70*, *78*, 82, *82*
Amarillo (TX) *35*, 41, 82
Arcadia (OK) 25, *32*, 35, *79*, 80, *80*
Galena (KS) 74
Gallup (NM) *36*, 55, *70*, *82*, 83, *88*
Glenrio (TX) 41
Grand Canyon National Park (AZ) *86/87*, 87
Grants (NM) *42*, 55, 83

In Oatman, Arizona, fühlt man sich in einen Westernfilm versetzt.

Arizona *46/47*, 55, *58/59*, 60, *66*, *68*, *84*
Avery, Cyrus Steven 30, 36

Barstow (CA) *15*
Boca Negra Canyon (NM) *56*
Branson (MO) *12/13*, *26*

Cadillac Ranch (TX) *34*, 41, 82
Cahokia Mounds (IL) 86
Canyon (TX) 86
Catoosa (OK) 25, *33*, *56*
Chaco Culture National Historical Park (NM) *43*, 87
Chicago (IL) *4/5*, *16*, *17*, 18, *18/19*, *71*, 72, *72*, *72/73*
Chronik 30 f., *30*, *30/31*, *31*
Claremore (OK) 79
Clinton (OK) *24*, 80, *80*
Cuba (MO) 26, 74, *74*

Devil's Elbow (MO) *21*
Duden, Gottfried 19

Elliot, T. S. 50
El Morro National Monument (NM) 86 f., *86*

Flagstaff (AZ) 55, 84, *85*
Ford, Henry 30
Ford, John 50
Foyil (OK) *28/29*, 79, *79*

Groom (TX) 25
Guthrie, Woody 17, 36, 50, *50*

Halltown (MO) 74
Hemingway, Ernest 50, 55
Holbrook (AZ) 25, 55, 83, *83*
Hydro (OK) *19*

Illinois 18, *20*
Indianer 17, 20, *28/29*, 33, *43*, 49, 55, 56, *56*, *57*, *79*, 81, 82, 83, 86, 87
Isleta (NM) 49, 56, 83

Eine Musikbox darf in keinem amerikanischen Diner fehlen.

James, Jesse 20
Joseph City (AZ) *54*
Joshua Tree National Park (CA) *86*, 87

Kalifornien *30/31*, 60, *60*, *61*, *62/63*, *64/65*
Kansas 33
Kingman (AZ) 84
Kulinarisches 44, *44*, *54*

Laguna (NM) 49, 55, 56, 86
Landergin (TX) *76/77*
Las Vegas (NM) 43, 82, *82*
Lebanon (MO) 74
Lincoln, Abraham 18, 72
Lincoln's New Salem State Historic Site (IL) *20*
Litchfield (IL) *26*, 72
Los Angeles (CA) 60, *60*, *84/85*, 85, *89*
Lupton (AZ) *70/71*

Malpais (NM) *42*, 55
McLean (IL) 18, 36, 72, *72*
McLean (TX) 80, 82
Meramec Caverns (MO) 20, 25, *32*, *33*, 74
Meteor Crater (AZ) 84
Miami (OK) 74, *74*, 79
Missouri 19 f., *21*, 26, 33
Mojave-Wüste *2/3*, 66, 67
Monrovia (CA) 84
Mount Taylor (NM) 55

Nat King Cole 50, *50*
New Mexico *40*, 42 f., *42*, *42/43*, *43*, *48*, 49, 55

Oatman (AZ) *45*, *52/53*, 60, 84, *84*
Oklahoma 30 f., *31*, 33 ff., 50, 81, *81*
Oklahoma City (OK) 35, *79*, 80, *80*
Oklahoma Land Run 81, *81*

Palo Duro Canyon (TX) 41, 71, 86
Panhandle 36, 41
Pasadena (CA) 84 f.
Peach Springs (AZ) 84
Pecos (NM) 82
Petrified Forest National Park (AZ) *82/83*, 83
Phillip's Petroleum Company («Phillip's 66») 30, 36

Rialto (CA) 25, 84
Rio Grande (NM) *40*, 49, 56
Rogers, Will 36, 49, 79

San Bernardino (CA) *30*
Santa Fe (NM) *40*, *41*, 43, 49, 82, *83*
Santa Monica (CA) 60, *61*, *62/63*, *64/65*, 85, *85*
Santa Rosa (NM) *10/11*, *42/43*, 48
Santo Domingo (NM) 49, 56, 86
Seligman (AZ) *48*, 55, *55*, *58/59*
Shirley (IL) *70*, 72

Symbol von Freiheit und Abenteuer: das Straßenschild der Route 66.

Springfield (IL) 18, *20*, 72
St. Louis (MO)19, *22/23*, 50, *72*, 73 f., *73*, *74*
Stanton (MO) 74
Steinbeck, John 17, 36, 50
Stroud (OK) 79

Texas 36, 41
Troup, Bobby 17, 50
Truxton (AZ) *75*
Tucumcari (NM) *37*, 42, 82
Tulsa (OK) 25, 30, 34 f., 36, *56*, 79
Twain, Mark 17

Verkehrsgeschichte 88, *88*
Villa de Cubero (NM) 50, 55

Webb City (MO) 25
Williams, Tennessee 50
Will Rogers State Historic Park (CA) 71
Wilmington (IL) 25, 72
Wilson, Woodrow 30, *30*
Winslow (AZ) 50, *54*, 83, *92/93*

TEXTNACHWEIS

S. 1: John Steinbeck, Früchte des Zorns, Wien, Paul Zsolnay Verlag o. J., S. 164.
Die Themen-Essays des Bandes stammen von Horst Schmidt-Brümmer.

BILDNACHWEIS

Archiv für Kunst und Geschichte, Berlin: S. 30 o.
ATLANTIDE/Stefano Amantini, Florenz: S. 8/9, 36 M., 41 o. und u., 44 o., 57, 70 r.M., 85 u., 86 u., 88 u.
Bildarchiv Peter W. Engelmeier, München: S. 50 u.l., 81 u.
Corbis-Bettmann, New York: S. 30 u., 31 (2), 81 o.
Interfoto, München: S. 50 o.r.
LOOK/Hauke Dressler, München: S. 9, 52/53, 89, 94.
SPRINGER/Corbis-Bettmann, New York: S. 50 o.l.
UPI/Corbis-Bettmann, New York: S. 30/31, 44 u., 50 u.r.

Alle übrigen Abbildungen stammen von Christian Heeb, St. Gallen. Christian Heeb dankt der Swissair für die Hilfe bei der Erarbeitung des Bildmaterials sowie Holiday Inn Worldwide für die freundliche Unterstützung.

Seite 1: Harley-Davidson-Club in Tucumcari, New Mexico.

Die Karten auf den Seiten 66, 67, 72, 73, 80, 83 und 85 zeichnete Astrid Fischer-Leitl, München. Die Kartenpiktogramme zeichnete Almud Kunert, München.

Die meteorologischen Daten der Klimatabelle auf Seite 68 lieferte der Deutsche Wetterdienst, Seewetteramt Hamburg.

Wir danken allen Rechteinhabern und Verlagen für die freundliche Erlaubnis zu Nachdruck und Abbildung. Trotz intensiver Bemühungen war es nicht möglich, alle Rechteinhaber zu ermitteln. Wir bitten diese, sich an den Verlag zu wenden.

Alle Angaben dieses Bandes wurden vom Autor sorgfältig recherchiert und vom Verlag auf Stimmigkeit und Aktualität geprüft. Allerdings kann keine Haftung für die Richtigkeit der Informationen übernommen werden. Für Hinweise und Anregungen sind wir jederzeit dankbar. Zuschriften bitte an den Verlag C. J. Bucher GmbH & Co. KG, Lektorat, Goethestraße 43, 80336 München.

EDITION USA · TRAUMZIEL AMERIKA
ROUTE 66: Von Chicago nach Los Angeles

Konzeption: Axel Schenck
Lektorat: Anja Feise
Bildgestaltung: Joachim Hellmuth
Bilddokumentation: Ulrich Reißer
Graphische Gestaltung: Werner Poll
Herstellung: Angelika Kerscher, Kristina Kaiser

Technische Produktion:
Fotosatz Ressemann, Hochstadt
Repro-Ludwig, A-Zell am See
Bentrup-Druck, Bielefeld

Printed and bound in Germany
ISBN 3 7658 1152 1

Christian Heeb, 1962 in St. Gallen geboren, arbeitet als Reisefotograf für Magazine und Buchverlage. Er ist Bildautor von über fünfzig Büchern, im Verlag C. J. Bucher u.a. aller Bände der Edition USA und des Länderbands »USA«. Er lebt in Bend (Oregon), USA, und St. Gallen, Schweiz.

Horst Schmidt-Brümmer studierte Germanistik und Anglistik in München und Köln. Ging 1970 als Dozent für deutsche Sprache und Literatur an die Universität von Kalifornien in Los Angeles. Publizierte zahlreiche Reiseführer zu Städten und Regionen der USA. Arbeitet als Verlagslektor und Autor in Köln.

WASHINGTON
MONTANA
NORTH
OREGON
IDAHO
SOUTH
WYOMING
NEVADA
UTAH
COLORADO
CALIFORNIA
ARIZONA
NEW MEXICO
ALASKA
HAWAII